三聯學術

外族的智慧：希腊化的局限［修订译本］

This is a Simplified Chinese edition of the following title published by
Cambridge University Press:

Alien Wisdom：The Limits of Hellenization
ISBN 978-0-521-20876-5

This Simplified Chinese edition for the People's Republic of China (excluding
Hong Kong, Macau and Taiwan) is published by arrangement with the Press
Syndicate of the University of Cambridge, Cambridge, United Kingdom.

© SDX Joint Publishing Company 2024

外族的智慧
希腊化的局限

[修订译本]

〔意〕阿纳尔多·莫米利亚诺 著

晏绍祥 译

Classics & Civilization

生活·读书·新知 三联书店

图书在版编目（CIP）数据

外族的智慧：希腊化的局限：修订译本 / (意) 阿
纳尔多·莫米利亚诺著；晏绍祥译. —2 版. —北京：
生活·读书·新知三联书店，2024.5
（古典与文明）
ISBN 978-7-108-07720-2

Ⅰ.①外… Ⅱ.①阿… ②晏… Ⅲ.①文化史－研究－
古希腊 Ⅳ.① K125

中国国家版本馆 CIP 数据核字 (2023) 第 177010 号

责任编辑　王晨晨
装帧设计　薛　宇
责任印制　宋　家
出版发行　**生活·讀書·新知** 三联书店
　　　　　（北京市东城区美术馆东街 22 号 100010）
网　　址　www.sdxjpc.com
经　　销　新华书店
印　　刷　北京中科印刷有限公司
版　　次　2013 年 9 月北京第 1 版
　　　　　2024 年 5 月北京第 2 版
　　　　　2024 年 5 月北京第 1 次印刷
开　　本　880 毫米 × 1092 毫米　1/32　印张 8
字　　数　157 千字
印　　数　0,001－4,000 册
定　　价　59.00 元
（印装查询：01064002715；邮购查询：01084010542）

"古典与文明"丛书
总 序

甘阳　吴飞

　　古典学不是古董学。古典学的生命力植根于历史文明的生长中。进入 21 世纪以来，中国学界对古典教育与古典研究的兴趣日增并非偶然，而是中国学人走向文明自觉的表现。

　　西方古典学的学科建设，是在 19 世纪的德国才得到实现的。但任何一本写西方古典学历史的书，都不会从那个时候才开始写，而是至少从文艺复兴时候开始，甚至一直追溯到希腊化时代乃至古典希腊本身。正如维拉莫威兹所说，西方古典学的本质和意义，在于面对希腊罗马文明，为西方文明注入新的活力。中世纪后期和文艺复兴对西方古典文明的重新发现，是西方文明复兴的前奏。维吉尔之于但丁，罗马共和之于马基雅维利，亚里士多德之于博丹，修昔底德之于霍布斯，希腊科学之于近代科学，都提供了最根本的思考之源。对古代哲学、文学、历史、艺术、科学的大规模而深入的研究，为现代西方文明的思想先驱提供了丰富的资源，使他们获得了思考的动力。可以说，那个时期的古典学术，就是现代西方文明的土壤。数百年古典学术的积累，是现代西方文明的命脉所系。19世纪的古典学科建制，只不过是这一过程的结果。随着现代研究性大学和学科规范的确立，一门规则严谨的古典学学科应运而生。但我们必须看到，西方大学古典学学科的真正基础，乃在于古典教育在中学的普及，特别是拉丁语和古希腊语曾长期为欧洲中学必修，才可能为大学古典学的高深研究源源不断地提供人才。

19世纪古典学的发展不仅在德国而且在整个欧洲都带动了新的一轮文明思考。例如，梅因的《古代法》、巴霍芬的《母权论》、古朗士的《古代城邦》等，都是从古典文明研究出发，在哲学、文献、法学、政治学、历史学、社会学、人类学等领域带来了革命性的影响。尼采的思考也正是这一潮流的产物。20世纪以来弗洛伊德、海德格尔、施特劳斯、福柯等人的思想，无不与他们对古典文明的再思考有关。而20世纪末西方的道德思考重新返回亚里士多德与古典美德伦理学，更显示古典文明始终是现代西方人思考其自身处境的源头。可以说，现代西方文明的每一次自我修正，都离不开对古典文明的深入发掘。正是在这个意义上，古典学绝不仅仅只是象牙塔中的诸多学科之一而已。

由此，中国学界发展古典学的目的，也绝非仅仅只是为学科而学科，更不是以顶礼膜拜的幼稚心态去简单复制一个英美式的古典学科。晚近十余年来"古典学热"的深刻意义在于，中国学者正在克服以往仅从单线发展的现代性来理解西方文明的偏颇，而能日益走向考察西方文明的源头来重新思考古今中西的复杂问题，更重要的是，中国学界现在已经超越了"五四"以来全面反传统的心态惯习，正在以最大的敬意重新认识中国文明的古典源头。对中外古典的重视意味着现代中国思想界的逐渐成熟和从容，意味着中国学者已经能够从更纵深的视野思考世界文明。正因为如此，我们在高度重视西方古典学丰厚成果的同时，也要看到西方古典学的局限性和多元性。所谓局限性是指，英美大学的古典学系传统上大多只研究古希腊罗马，而其他古典文明研究例如亚述学、埃及学、波斯学、印度学、汉学以及犹太学等，则都被排除在古典学系以外而被看作所谓东方学等等。这样的学科划分绝非天经地义，因为法国和意大利等的现代古典学就与英美有所不同。例如，著名的西方古典学重镇，韦尔南创立的法国"古代社会比较研究中心"，不仅是古希腊研究的重镇，而且广泛包括埃及学、亚述学、汉学乃至非洲学等各方面专家，在空间上大大突破了古希腊罗马的范围。而意大利的古典学研究，则由于意大利历史的特殊性，往往在时间上不完全限于古希腊罗马的时段，而与中世纪及文艺复兴研究多有关联（即使在英美，由于晚近以来所谓"接受研究"成为古典学的显学，也使得古典学的研究边界越来越超出传统的古希腊罗马时期）。

从长远看，中国古典学的未来发展在空间意识上更应参考法国古典学，不仅要研究古希腊罗马，同样也应包括其他的古典文明传统，如此方能参详比较，对全人类的古典文明有更深刻的认识。而在时间意识上，由于中国自身古典学传统的源远流长，更不宜局限于某个历史时期，而应从中国古典学的固有传统出发确定其内在核心。我们应该看到，古典中国的命运与古典西方的命运截然不同。与古希腊文字和典籍在欧洲被遗忘上千年的文明中断相比较，秦火对古代典籍的摧残并未造成中国古典文明的长期中断。汉代对古代典籍的挖掘与整理，对古代文字与制度的考证和辨识，为新兴的政治社会制度灌注了古典的文明精神，堪称"中国古典学的奠基时代"。以今古文经书以及贾逵、马融、卢植、郑玄、服虔、何休、王肃等人的经注为主干，包括司马迁对古史的整理、刘向父子编辑整理的大量子学和其他文献，奠定了一个有着丰富内涵的中国古典学体系。而今古文之间的争论，不同诠释传统之间的较量，乃至学术与政治之间错综复杂的关系，都是古典学术传统的丰富性和内在张力的体现。没有这样一个古典学传统，我们就无法理解自秦汉至隋唐的辉煌文明。

从晚唐到两宋，无论政治图景、社会结构，还是文化格局，都发生了重大变化，旧有的文化和社会模式已然式微，中国社会面临新的文明危机，于是开启了新的一轮古典学重建。首先以古文运动开端，然后是大量新的经解，随后又有士大夫群体仿照古典的模式建立义田、乡约、祠堂，出现了以《周礼》为蓝本的轰轰烈烈的变法；更有众多大师努力诠释新的义理体系和修身模式，理学一脉逐渐展现出其强大的生命力，最终胜出，成为其后数百年新的文明模式。称之为"中国的第二次古典学时代"，或不为过。这次古典重建与汉代那次虽有诸多不同，但同样离不开对三代经典的重新诠释和整理，其结果是一方面确定了十三经体系，另一方面将"四书"立为新的经典。朱子除了为"四书"做章句之外，还对《周易》《诗经》《仪礼》《楚辞》等先秦文献都做出了新的诠释，开创了一个新的解释传统，并按照这种诠释编辑《家礼》，使这种新的文明理解落实到了社会生活当中。可以看到，宋明之间的文明架构，仍然是建立在对古典思想的重新诠释上。

在明末清初的大变局之后，清代开始了新的古典学重建，或可称为"中国的第三次古典学时代"：无论清初诸遗老，还是乾嘉盛时的各位大师，虽然学问做法未必相同，但都以重新理解三代为目标，以汉宋两大古典学传统的异同为入手点。在辨别真伪、考索音训、追溯典章等各方面，清代都取得了巨大的成就，不仅成为几千年传统学术的一大总结，而且可以说确立了中国古典学研究的基本规范。前代习以为常的望文生义之说，经过清人的梳理之后，已经很难再成为严肃的学术话题；对于清人判为伪书的典籍，诚然有争论的空间，但若提不出强有力的理由，就很难再被随意使用。在这些方面，清代古典学与西方19世纪德国古典学的工作性质有惊人的相似之处。清人对《尚书》《周易》《诗经》《三礼》《春秋》等经籍的研究，对《庄子》《墨子》《荀子》《韩非子》《春秋繁露》等书的整理，在文字学、音韵学、版本目录学等方面的成就，都是后人无法绕开的必读著作，更何况《四库全书总目提要》成为古代学术的总纲。而民国以后的古典研究，基本是清人工作的延续和发展。

我们不妨说，汉、宋两大古典学传统为中国的古典学研究提供了范例，清人的古典学成就则确立了中国古典学的基本规范。中国今日及今后的古典学研究，自当首先以自觉继承中国"三次古典学时代"的传统和成就为己任，同时汲取现代学术的成果，并与西方古典学等参照比较，以期推陈出新。这里有必要强调，任何把古典学封闭化甚至神秘化的倾向都无助于古典学的发展。古典学固然以"语文学"（philology）的训练为基础，但古典学研究的问题意识、研究路径以及研究方法等，往往并非来自古典学内部而是来自外部，晚近数十年来西方古典学早已被女性主义等各种外部来的学术思想和方法所渗透占领，仅仅是最新的例证而已。历史地看，无论中国还是西方，所谓考据与义理的张力其实是古典学的常态甚至是其内在动力。古典学研究一方面必须以扎实的语文学训练为基础，但另一方面，古典学的发展和新问题的提出总是与时代的大问题相关，总是指向更大的义理问题，指向对古典文明提出新的解释和开展。

中国今日正在走向重建古典学的第四个历史新阶段，中国的文明复兴需要对中国和世界的古典文明做出新的理解和解释。客观地说，这一轮古典学的兴起首先是由引进西方古典学带动的，刘小枫和甘阳教授主编的"经典与解释"丛书在短短十五年间（2000—2015年）出版了三百五十余种重要译著，为中国学界了解西方古典学奠定了基础，同时也为发掘中国自身的古典学传统提供了参照。但我们必须看到，自清末民初以来虽然古典学的研究仍有延续，但古典教育则因为全盘反传统的笼罩而几乎全面中断，以致今日中国的古典学基础以及整体人文学术基础都仍然相当薄弱。在西方古典学和其他古典文明研究方面，国内的积累更是薄弱，一切都只是刚刚起步而已。因此，今日推动古典学发展的当务之急，首在大力推动古典教育的发展，只有当整个社会特别是中国大学都自觉地把古典教育作为人格培养和文明复兴的基础，中国的古典学高深研究方能植根于中国文明的土壤之中生生不息茁壮成长。这套"古典与文明"丛书愿与中国的古典教育和古典研究同步成长！

2017 年 6 月 1 日于北京

献给我的母亲，

她的爱永远守护着我

（1884 年生于都灵——1943 年卒于纳粹集中营）

Ps. 79.2-3

目 录

译者序言

本书是意大利－英国著名历史学家阿纳尔多·莫米利亚诺[1]的一部名作，意在讨论希腊文化及其与周边文化的关系，以及希腊人的态度对他们历史命运的影响。作为知名的史学理论和古典世界历史学者，莫米利亚诺的名字对中国学者也并不陌生，他关于希腊、罗马史以及史学史的一系列论著，经常出现在各种论著的脚注中。不过，对莫米利亚诺其人，国内的学者可能了解并不多。译者意欲借此机会，对他的生平和著作略做介绍。

1908年，莫米利亚诺出生于意大利皮埃蒙特地区一个很有声望的犹太知识分子家庭。对于他童年的情况，我们了解不多。在都灵大学学习期间，他得到当时意大利最著名的古史学家加塔诺·德桑克提斯的指导，从而确立了他一生的研究方向，并表现出杰出的研究才能。尽管当时意大利已经处于法西斯统治之下，墨索里尼已经巩固了他对意大利的统治，但身为犹太人的莫米利亚诺的才能，仍然得到广泛的承认。1932年，年仅24岁的他被任命为罗马大学的希腊史教

---

[1]　一译"莫米格利亚诺"，但据意大利语发音规则，这里的 g 不发音，因此，译成"莫米利亚诺"可能更准确。

授；1936年，他重返都灵大学，接替其老师德桑克提斯出任罗马史教授。此举后来颇遭诟病，因为他的老师由于拒绝宣誓忠诚于法西斯而被解职，而莫米利亚诺本人确实宣了誓，并接替了老师的教席。两人的关系，大约也因此受到影响。1938年，莫米利亚诺也终于因为墨索里尼政府的种族主义命令丧失教席，被迫前往英国。出于对老师的尊敬，同时可能也有同病相怜的因素，莫米利亚诺行前特意拜访了自己的老师。1939年，他携妻带女到达英国。虽然当时他已经因为《剑桥古代史》写稿以及《克劳狄——皇帝及其成就》英译本的出版，在英国有较大影响，但可能是当时流亡到英国的学者实在太多（德国大批古典学者，如鼎鼎大名的雅可比、埃伦伯尔格、普法伊费尔等，也都因为纳粹的上台，被迫流亡到英国），莫米利亚诺在英国的处境并不理想，虽在牛津大学得到了职位，但薪金非常之低，因此一度准备转道美国。1947年，他终于获得了布里斯托尔大学的讲师席位；1951年，转任伦敦大学学院古代史教授，并在那里一直工作到1975年退休。但他退而不休，仍在不断从事研究工作，写出大量作品，并辗转于英国、美国和意大利各地讲学。1987年9月因病去世。[2]

莫米利亚诺一生著作等身，但他的特点可能与年鉴派大师布罗代尔不同。布罗代尔的书并不太多，但无论是《腓

---

[2] John Cannon et al. eds. , *The Blackwell Dictionary of Historians*, Oxford: Basil Blackwell Ltd. 1988, pp. 282–284.

力普二世时代的地中海和地中海世界》，还是《15—18 世纪的物质文明、经济和资本主义》，均是篇幅宏大之作。莫米利亚诺的风格则近似于当代英国另一古史学家芬利，少有长篇作品，所出的几本书，篇幅都不大，他赖以成名的著作如《克劳狄皇帝及其成就》《马其顿的腓力——论公元前 4 世纪的希腊史》两书，篇幅都很短。前者以意大利文出版时，仅有 150 多页。英译本的篇幅更短，正文仅 70 页，加上注释和索引，也只有 120 页。他的其他著作，如《4 世纪异教和基督教的冲突》《希腊传记的兴起》等，篇幅也都不大。但这些著作出版后，都得到了西方学者的高度评价，其中不少已经成为相关领域的经典之作。

莫米利亚诺更喜爱的，似乎是短篇的论文。据康奈尔统计，他一生中所发表的各种论文有 1000 多篇。1955 年起，他的各种论文被汇集成册，结成《古典历史与古代世界史研究论文集》〔*Contributi Alla Storia Degli Studi Classici（E Del Mondo Antico）*〕在罗马先后出版。到 1992 年，该书共出 8 卷 11 册，涉及内容非常广泛，从古代希腊的传记，古典世界的史学，基督教与古典文化的关系，到近代和现当代的古典学术，举凡与古代世界历史有关的问题，都被纳入了他的视野，他也因此同时在古代世界史、犹太研究、基督教史及史学史、史学理论领域成为名家。[3]

---

〔3〕 John Cannon et al. eds. *The Blackwell Dictionary of Historians*, p. 283；晏绍祥：《古典历史研究发展史》，华中师范大学出版社 , 1999, 第 165、252 页。

莫米利亚诺史学方法的一个显著特点，是他对学术史的重视。他认为，古典学术尤其是古代史研究在现代学术中处在边缘地位，很大程度上是因为许多古典学者根本不知道他们正在做什么，为什么做研究。在评价英国古希腊史专家格罗特的史学成就时，他在结尾处不无讥讽地指出，当代许多研究希腊史的著作，论其水平，远在格罗特之下；而对考古资料的利用程度，借用他评价罗斯托夫采夫的话说，远在这位俄裔美国历史学家之下。因此，他呼吁重视对古典学术史的研究，从这些大师处汲取灵感，避免无的放矢。同时，他又坚决反对那种单纯研究某一作者作品，希望从中发现问题的做法，而主张首先要研究有关作者所利用的资料，看他对资料的分析和利用程度，并注意发掘其人生经历对作者观点的影响，以弄清作者和时代及其观点的关系。所以，他批评那些仅仅研究吉本《罗马帝国衰亡史》，而不去阅读有关罗马帝国原始资料的人。他有关格罗特、迈耶、罗斯托夫采夫等人的专题论文，都是先从作者所利用的资料、方法入手，分析作者的史观和方法，在此基础上，探讨其对当时和现在的影响，提出对作者的评价。另一方面，承认历史学家是时代的产物，并不意味着历史学家仅仅服从于他的时代，完全受制于时代，而是要从他们对资料的分析手段和提出问题的方法中汲取营养，为古史研究开辟新的道路，并从中发现历史的一般价值，因此，他又坚决反对历史相对主义，并给史学史研究以崇高地位。他的这些看法，无意中为他在史学史和史学理论领域赢得了大批追随者，成为该领域中的权威人物，他有关的论著，如《古代和近代史学史论集》《史学史研究》等，也都成了经典之作。

其次，莫米利亚诺十分重视历史人物研究。他的著作中有不少与人物传记有关。除前已提到的两部著作外，他还写有《关于马卡比传统的历史大纲》《希腊传记的发展》等。20世纪30年代在意大利工作时，他开始为《意大利百科全书》［*Enciclopedia Italiana*］撰写条目，其中大多数是古代和近代人物的词条，如弗兰克·阿德科克、克劳狄、尼禄、卡利古拉等；50—60年代，当人们因为讨厌通过古代人物传记来研究古代历史时，莫米利亚诺仍不改初衷，在为《不列颠百科全书》和《牛津古典辞典》撰写条目时，仍然撰写了大量人物词条，而且花很大的气力专门从事古代传记研究，写出了《希腊传记的发展》这样的专著。如布瓦索克指出的，在如此之多的历史学家已经放弃这个领域时，莫米利亚诺仍为开拓该领域的研究做出了重大贡献，不仅可喜，而且需要相当大的勇气。[4]不过，他的传记研究并非传主生平或者其亲朋的简单罗列，"我们需要个人化的经历，不管是传记性质的，还是自传性质的。我们希望了解的是：个人所受的教育、个人的宗教信仰、社会生活和个人经历之间的关系"。当然，分析这些具体的细节不是为了娱乐，也不是为吸引读者，而是希望通过这些方面，去分析传主的思想与观

---

［4］ A. D. Momigliano, *Studies on Modern Scholarship*, edited by G. W. Bowersock and T. J. Cornell, Berkeley & Los Angles, University of California Press, 1994, pp. vii-viii.

点的假设前提和行为。所以，在分析克劳狄时，他对这个皇帝早年的一些小事津津乐道，却忽略了后来我们认为对皇帝有很大影响的麦萨琳娜、阿格里披娜之类的人；[5]对于罗斯托夫采夫的学术成就，他一方面极为钦佩，另一方面则指出，罗斯托夫采夫的观点和成就，只有放在他的俄罗斯背景和经历中才能了解。正因为他生活在资本主义发展十分落后的俄罗斯，才会注意到古典世界不过是游牧世界包围中的一个小岛；作为自由资产阶级的知识分子，他十分欣赏西方的资产阶级，正是因为俄国资本主义发展程度不高，城市化水平低下。俄国软弱的资产阶级在十月革命中被消灭后，他受到重大刺激，因此把希腊化世界和罗马帝国的所有成就归之于资产阶级的创造，并把古代的城市理想化。所以，流亡造就了罗斯托夫采夫。[6]

对于古代不同文化之间的关系以及相互影响，莫米利亚诺也非常重视，而且具有非常浓厚的现实关怀色彩。他不仅写有关于古典文化和基督教关系的论著，对希腊文明与周边文化的关系尤其情有独钟。以笔者当前翻译的这本书而论，他重点探讨的，是希腊人对罗马人、犹太人、凯尔特人以及伊朗人的认识。虽然这仅仅是一部篇幅不大的书，但它所提出的问题，却非常重大，而它最终的结论，也非常发人深省。他明确指出，虽然希腊人对于异域文化从来没有失去

---

[5]　A. D. Momigliano, *Studies on Modern Scholarship*, p. ix.

[6]　A. D. Momigliano, *Studies on Modern Scholarship*, pp. 32–43.

兴趣，但无论是对犹太人，还是对其他民族，希腊人的民族自大感都使他们没有能够更深入地认识这些与自己有着紧密联系，有些甚至后来成了自己主人的民族。在有关波里比阿和波斯多尼乌斯的一章中，他把希腊人和罗马人对异域文化的态度进行了对比，揭示出罗马人对希腊语和希腊文化的吸收，是他们得以征服希腊的重要原因；在有关凯尔特人的部分，他得出了大体相同的结论；而在有关伊朗的部分，他宣布，一个对自己的文化缺乏信心，同时盲目崇拜外族文化的民族，注定是要失败的。因此，在分析希腊文明最终败于罗马文明时，作者向我们揭示了希腊化，更一般地说，是整个希腊文明另外的一面："它拥有了解其他文明的所有手段，但掌握语言除外；它拥有一个征服者和占统治地位的上层阶级，但对自己语言的信心除外。许多具有政治头脑的人选择了罗马；许多具有宗教头脑的人转向了想象中的波斯和想象中的埃及。随着希腊主义政治命运的衰退，自我怀疑倾向日益增长，鼓励了那些意志薄弱、原则性不强的人，他们在那种不可能真实的文献中寻找简便的出路。""罗马人利用希腊人技术上的合作，最终征服了希腊人。但是，从文化上说，他们通过学习希腊语，把希腊人的知识用于创造一个使用拉丁语的、共同的意大利文化，从而使自己处在强有力的地位。希腊人探索了凯尔特人、犹太人、波斯人以及罗马人自己的世界，罗马人则征服了凯尔特人、犹太人和希腊人。在被波斯人或者是帕提亚人打败之后，他们利用希腊历史学家和地理学家的帮助，注意避免另一次灾难，而且成功地保持了300年。"[7] 对于正在大力建设中国特色文化而且希望代表先进文化发展方向的中国人来说，希腊人的经历，也许不无启示。

说到这里，也许应当对本书的历史背景有所交代。希腊人原本生活在巴尔干半岛，但素有向外扩张的传统。约公元前10世纪，一部分希腊人迁移到小亚细亚定居；公元前8—前6世纪，希腊人进行了范围广大的殖民活动，将活动范围扩大到整个地中海地区，如柏拉图所说，成为地中海这个"大池塘周围的青蛙和蚂蚁"。公元前4世纪末，马其顿亚历山大打着为希腊复仇的旗号，大举东侵波斯。在大约10年的时间里，先后征服了小亚细亚、叙利亚、巴勒斯坦、埃及、伊朗、中亚和印度河流域，继波斯之后，建立起一个地跨欧、亚、非三洲的大帝国。对于这样一个庞大的帝国，虽然亚历山大采取了一系列措施试图巩固，但这么一个有着不同风土民情、不同文化传统的大帝国，在古代的条件下，要想长期维持统一，谈何容易！即使亚历山大本人再活40年，恐怕也未必能够保证自己的统治。何况亚历山大在完成远征的次年便撒手西归，死前连一个成年的继承人都没有留下！亚历山大死后，其部将立刻开始了争夺皇位的战争。经过20多年混战，最后形成了一个以托勒密埃及、塞琉古和马其顿诸王国为主体的希腊化世界。在这样一个世界里，固

---

〔7〕 *Alien Wisdom*, Cambridge University Press, 1990, p. 149.

然有希腊文化向东传播、东方民族希腊化的问题，但正如吴于廑先生早已指出的，希腊人和希腊文化的东方化倾向同样存在。[8]在政治领域，尽管最高统治者是希腊－马其顿人，但中下层尤其是地方官员，更多的是由当地居民担任的；至于经济，在希腊化时代并没有本质的变化，普通人民大众仍然像过去一样需要交租纳税，所不同者，收取和使用赋税者更多的是希腊－马其顿人，而不是当地原来的统治者；关于文化，虽然部分阶层、部分领域受到了希腊文化的影响，在一些希腊人定居的城市中，希腊文化甚至取得某种程度的优势（如阿伊卡努姆的铭文所显示的），但在更广大的乡村地区，人们仍然信着他们原来的神灵，说着祖传的语言，庆祝着大体相同的节日。也就是说，透过浅浅的希腊文化外表，西亚和埃及的传统继续在发挥着这样那样的作用。即使是最高统治者，也不能不考虑原有的文化传统。所以，亚历山大到埃及后，专程朝拜阿蒙神庙，自称阿蒙神之子；到达波斯后，他又以波斯王室继承人自居，鼓励部下和波斯女子通婚，并且吸收波斯宫廷礼仪，强化自己的波斯色彩。而托勒密埃及的统治者在其王冠上，也不能不附上埃及法老的标志。甚至希腊的文化人，也想为他们的大哲学家如柏拉图、德谟克利特等人找到东方的老师。到后来，事实上他们还给自己的政治制度，如传说中斯巴达立法家来库古所建立的制

---

[8] 吴于廑：《吴于廑学术论著自选集》，首都师范大学出版社，1995，第471—483页。

度、雅典立法家梭伦进行的改革等，找到了东方的起源。[9]

然而，不可否认的是，希腊化世界确实带来了重要的变化，如本书作者所指出的，到希腊化时代，原来几个虽然有过接触但并没有建立直接联系的文明，罗马的、凯尔特人的、犹太的、波斯的，当然还有印度的文明，第一次被置于一个大的文化圈之内。奇怪的是，一向非常自负的希腊人，在遇到这些文明之后，一方面固然表现出了他们喜好探索的好奇心，对这些古代文明进行了报道和研究。但可能因为自己是统治者，也许还有希腊人特有的文化自大感，他们从来没有想到要去学习有关民族的语言，而满足于从第二手资料中，主要是那些会说希腊语的土著所提供的文本中，发现自己所需要的东西。而这些人所提供的，当然是希腊人希望看到的东西。另一方面，当希腊人遇到这些比他们的文明更为古老的文明时，好像又突然丧失了民族自信心，纷纷把异邦的文化理想化。波里比阿对罗马的政治制度，波斯多尼乌斯对凯尔特人，公元前3世纪—前2世纪的希腊众多作家对波斯人、犹太人，好像无一例外地都采取了这种态度，所以，他们挖空心思，要把琐罗亚斯德教和希腊哲学连接起来，并为希腊文化找到东方或者其他的源头（由此观之，贝纳尔近年来提出的希腊古典文明起源于亚非古代文明的观点，并没有多少新奇之处了）。这种盲目的自大和毫无自信可言的民

---

[9]　有关希腊化史研究的最新进展，参见晏绍祥《近20年来英美古希腊史研究的若干趋势》，载于《世界历史》，2000年第2期。

族虚无主义态度，在希腊化文化中奇特地糅合在了一起。

莫米利亚诺在本书中分析的，就是这一时期希腊人和这些文明的关系以及对它们的认识，并就希腊人的认识方式对希腊化世界命运的影响进行了分析。由于罗马在地中海地区各文明中所具有的独特地位，作者首先通过波里比阿和波斯多尼乌斯这两个代表性人物，分析了希腊人对罗马兴起的态度，同时考虑了罗马人对希腊文明的态度，尤其是两种不同态度所造成的不同结果，从另一个侧面揭示出罗马击败希腊化世界的必然性。接着作者讨论了希腊人、罗马人对凯尔特世界的态度。作者关注的，同样是希腊人和罗马人对凯尔特世界的不同态度所造成的影响。希腊人对凯尔特人的畏惧和虚构，把他们自己送进了文化自大的幻影中，而罗马人利用希腊人提供的知识，征服了凯尔特世界的绝大部分地区。随后的两章讨论了希腊人和犹太文化的关系。作者之所以特别在如此有限的篇幅中辟出两章来讨论希腊人和政治上远不如罗马人、凯尔特人、伊朗人重要的犹太人的关系，可能出于两方面的考虑。一方面，作者本人是犹太人，对于本民族的历史和文化有着更浓厚的兴趣。另一方面，可能也是更重要的，是犹太教、基督教和古典文化的关系对后来西方历史的发展影响实在太大。而犹太教在希腊化时代发生的变化，是基督教后来得以产生进而传播到希腊罗马世界并得到接受的一个重要原因。对于这样重大的问题，理当给予更多的注意。通过比较，作者似乎认为，尽管希腊人希望把犹太人变成古代世界的哲人和宗教民族，可是犹太人并不领情，继续保持着自己的文化特色。对于波斯和希腊的关系，作者打破常规，从更早的古风时代开始，原因在于，在所有和希腊人发生关系的古代文明中，波斯和希腊人发生直接联系的时间，显然比其他文明要早，其影响也更加深远。不过作者依然认为，从现有资料看，希腊文明有着独立的起源。到公元前4世纪以后，希腊人开始不再把波斯以及后继的帕提亚作为一个政治实体对待，而把它们当作希腊文化的源头来尊敬。在此基础上，作者对希腊人和其他文明的关系进行了总体评价，在肯定其成就的同时，也指出其不足以及它将被罗马征服的命运。美中不足的是，作者对希腊文明和印度文明的关系存而不论，甚至没有提到希腊人曾经对印度文明有过讨论和认识（对于书中不涉及埃及和迦太基的原因，作者特意在第一章中做了说明）。而实际上，希腊人对印度的探讨，至少从希罗多德时代就已开始，亚历山大大帝征服印度河流域后，两者之间的联系更加紧密和经常。塞琉古王国派驻印度的使者麦加斯梯尼写有关于印度的专门著作。至于众所周知的犍陀罗艺术，更是希腊文化与印度文化交互融合的产物。在这方面，作者也许像他批评的希腊化传统一样，把印度文化放在了古典世界之外的蛮族之中，因此不愿对其多加讨论。

关于本书的译名，似乎有必要略微说两句。如前所述，本书的重点，是研究希腊人对周围邻邦的态度和认知，以及这种认知所产生的影响。书的原名是 *Alien Wisdom: the Limits of Hellenization*，如果追求传神，似乎用《认知他者——希腊化的局限》比较合适。但这样的译名，与原文出入较大，而且与副书名的关系不是那么一目了然。考虑再三，还是直译为《外族的智慧——希腊化的局限》，以彰显正副书名之间的联系。用"外族"似乎有把古代历史现代化的嫌疑，但这里的"族"，并非严格意义上的近代民族，而是指与认识主体在外貌或文化上差异较大者，类似族群的概念。本书所论，又是希腊人和非希腊人文化之间的交流、双方的态度及其影响，这样处理也算切题。

原书采用的是文内夹注。有关文献的注释格式，大体分为三种情况，一种是有比较完整文本流传至今的古典著作，如希罗多德的《历史》等，作者都是根据西方学者的一般习惯，注出卷、节、行数等信息，如原书第 3 页的 Diodorus 1. 16 就是指迪奥多罗斯《历史集成》第 1 卷第 16 节；同一页上出现的（2. 35）是指希罗多德《历史》第 2 卷第 35 节（因文中已点出希罗多德，故不再书希罗多德之名，仅注明卷和节）。有些作家更复杂一些，注明了卷、章、节，如第 4 页出现的 Strabo 1. 4. 9 指斯特拉波《地理学》第 1 卷第 4 章第 9 节。有些作家所传下来的著作不止一本，所以在引用他们的著作时，还注出了篇名，后面附上卷、章、节、行的编码。如原书第 5 页的 Tuscul. 3. 54 指西塞罗《图斯库鲁姆谈话录》第 3 卷第 54 节。另一种情况是某一作家的作品仅有残篇传世，但有现代人辑本的，则引用现代人的辑本。仍以第 3 页为例：这里出现了 Stobaeus I, *Prooem*. 6, p. 20 Wachsmuth=Aristoxenus fr. 23 Wehrli，其中 Stobaeus I, *Prooem*

为斯托拜乌的序诗第 1 卷，见 Wachsmuth 辑本的第 20 页。但在 Wehrli 的辑本中，是 Aristoxenus fr. 23。对于这一类注释，读者也许最初不习惯，但稍微多看几次，就很容易明白。至于书中引用的现代西文著作，作者均已在书末的参考文献中列出，因此在正文中出现时，注释的义项多不够全面，如原书第 25 页有 *Italian Manpower 225B.C. —A.D. 14*（1971），625-34，指第 2 章参考文献中的 P. A. Brunt, *Italian Manpower 225B.C. —A.D. 14*，Oxford，1971。请注意参考。

莫米利亚诺是一位学问大家，研究范围非常广泛，这种特点也反映在本书中。译者限于学力，对其中的许多问题，有些只能说是一知半解，有些了解甚少，还有一些问题，则几近文盲。糟糕的是，作为译者，还无法回避这些问题，不得不查找大量工具书，但仍难免不准确甚至错误，敬请各位方家不吝批评指正。

本书得以翻译出版，首先应当感谢我的几位老师。他们分别是已故内蒙古大学教授胡锺达先生、南开大学教授王敦书先生和武汉大学教授陈勇先生。没有他们无私教给我的各种知识，要完成本书的翻译任务，是难以想象的。其次，感谢三联书店的编辑联系了版权，为我提供了样书和翻译体例，还就翻译中出现的许多具体问题提出了很好的建议。最后，我特别感谢徐晓旭博士、彭小瑜教授和黄洋教授。在繁忙的工作之余，徐晓旭博士通读了译文，尤其是帮助我解决了其中拉丁语部分的翻译问题，并指出了译文中多处关键性的错误，而且就有关译文的处理，提出了许多中肯的意见，其中不少已经反映在译文中。彭小瑜教授帮我解决了教会史上几个非常重要的问题，而且不厌其烦地回答我近乎无知的发问。黄洋教授利用他在英国学习的经历，帮助我解答了有关莫米利亚诺任职学校的翻译问题，向我介绍了伦敦大学的有关体制，并就书名的翻译进行过深入讨论，让我受益良多。最后，但并不是最不重要的，是感谢我的妻子陈莉。没有她在家务方面的操劳，要完成此书的翻译，同样难以想象。当然，译文中存在的所有问题，都应由我本人负责。

晏绍祥

2003 年 12 月译毕

2009 年修订

承三联书店美意，译者利用此次再版机会对以前不够准确和通顺的部分译文做了修订，并删去了部分初版时需要但现在似乎没有太大意义的注释。温州大学陈勇博士帮忙翻译了该书的献词，并且独出心裁地提出，献词下所引用的《圣经·诗篇》，暗指莫米利亚诺母亲死于纳粹集中营却尸骨无存的悲惨遭遇。我认为非常合理，就照单全收了。这一献词在上一版被忽视了。责编提出了许多很好的建议，特此致谢。

2024 年 2 月

序

　　本书的实质性内容，是 1973 年 5 月我在剑桥大学所做的特里维廉［Trevelyan］讲座；经过修订，1974 年 2—3 月它又成为布赖恩·莫尔学院的弗来克斯纳［A. Flexnes］讲座的内容。除给每章增加书目外，我保留了讲座的形式。我的目的是希望引起对一个重要问题的讨论，而不是沉溺于玄想。

　　我非常感谢邀请我并如此慷慨地接待我的上述两所学校。在剑桥，我发现自己身居老友之中，在布赖恩·莫尔，我结识了新朋友。在两地我都过得很愉快。我特别要感谢剑桥大学的欧文·柴德威克［Irwin Chadwick］教授、芬利［M. I. Finley］教授，以及布赖恩·莫尔学院的沃福德［Wofford］院长，以及该校的阿格内斯·米歇尔斯［Agnes Michels］教授和罗素·斯科特［Russell Scott］教授。

阿纳尔多·莫米利亚诺

伦敦大学学院

1974 年 8 月

1 希腊化世界的希腊人和他们的邻人

几点预先考虑

I

富有哲学头脑的历史学家从来不会停止对克利奥帕特拉 [Cleopatra] 的鼻子的思考。如果那个鼻子曾经使恺撒 [Caesar] 和安敦尼 [Antony] 感到幸福,同样也使诸神感到快乐的话,那么由一个松散的亚历山大里亚的诺斯替派 [Gnosticism],而不是由两个罗马——老的在台伯河边,新的在博斯普鲁斯海峡边——强加给它的基督教便取得胜利了;凯尔特人也许还会继续在森林中搜集槲寄生的小枝;我们关于克利奥帕特拉女王和亚瑟王 [King Arthur] 的专著要少得多,但关于图坦卡蒙 [Tutankhamen] 以及亚历山大大帝 [Alexander the Great] 的书要多得多。不过,一个说拉丁语的伊达拉里亚学家,而非一个说希腊语的埃及学家,将罗马帝国主义的而不是希腊化体系的胜利果实带到了不列颠,因此,我们必须面对事实。

反过来,我们可以把罗马帝国主义的胜利归于下述四个因素:罗马给古老的意大利社会也就是军事的力量提供了新的方向;希腊化世界的任何一支军队,都完全没有能力在战场上与罗马军队抗衡；凯尔特文明及其附属地区，几百年来一直在痛苦中萎缩，最终使罗马人控制了从大西洋到多瑙河之间的资源；最后，希腊的知识阶层与意大利的政客和作家合作，创造了一种新的双语文化，从而使得罗马统治下的生活有了意义。只有犹太人和伊朗人，就像过去曾经对抗塞琉古王朝〔the Seleucids〕一样，抵抗着罗马人。犹太人是没有机会，但经过他们的辛勤努力，其少数派中的一个获得了自治，而且用一种比耶路撒冷圣殿崇拜者更具原教旨主义的形式，向罗马帝国发起了挑战。至于帕提亚的阿尔萨息王朝〔the Arsacid〕，大约从公元前247年起，它宣布自己独立，而且实现了自己的诺言。不仅是它的军队，还有它的宗教传统，都是罗马需要重视的力量。

本故事中五个主角中的四个都是在希腊化世界中首次走到一起的。他们是希腊－马其顿人、罗马人、犹太人和凯尔特人。确实，实事求是地说，只是在亚历山大大帝以后，希腊人才发现了罗马人、凯尔特人和犹太人。这样说多少有点自相矛盾。几百年来，意大利的希腊殖民地一直保持着繁荣，它们离罗马并不远。至少从公元前5世纪以来，马赛利亚就已经和凯尔特人建立了直接联系。犹太人所生活的地区，也是希腊雇佣军经常驻扎的地方，希腊的商人也经常光顾那里。伊朗人很快就让自己摆脱了希腊化国家的控制，而且避免了罗马的统治，同时却又是唯一在亚历山大大帝之前已经被希腊人了解和评论的民族。诚然，波斯帝国的故事是完全不同的另一个版本，因为它已经统治过希腊人。但对伊朗人来说，希腊化时代意味着估价对象的变化，因为预言家琐罗亚斯德［Zoroaster］取代居鲁士王［King Cyrus］成为最具伊朗特点的人物；希腊人直接面对的帝国中，罗马取代了波斯的地位。帕提亚成了一个尽管强大却遥远的国家，祆教僧侣在他们固有的神秘领域中拥有某些声望，而且提供着他们自己的精神产品。

因此，希腊化时代发生了一个在文化史上具有头等重要性的大事：希腊人与其他四个文明有了正面接触，其中的三个是他们以前实际上不了解的，另一个虽然了解，但条件非常不同。在我看来，希腊人对罗马人、凯尔特人和犹太人的发现，以及他们对伊朗文明的重新估价，是可以分离出来作为特里维廉讲座主题的。我们对有关的细节并不特别了解，对其总体的图景也不清楚。关于埃及和迦太基，我们当然还有话可说。赫尔美斯·特里斯迈吉斯图斯［Hermes Trismegistus］在埃及出现的时间，大体上与琐罗亚斯德和祆教僧侣在希腊人中成为值得尊敬的人物同时，我们需要把他们放在一起考虑。在这两种情况中，柏拉图学派都扮演了重要的角色。虽然柏拉图［Plato］从来没有明确宣布图特神［Thoth］这个科学的发明者和赫尔美斯同一，但塔林敦的阿里斯托塞诺斯［Aristoxenus of Tarentum］和阿布德拉的赫卡泰俄斯［Hecataeus of Abdera］认为他们是同一个神（Stobaeus I, *Prooem.* 6, p. 20 Wachsmuth = Aristoxenus fr. 23 Wehrli；Diodorus 1, 16）。对文化英雄和宗教向导的搜求，从来不会仅仅局限于一个国家。如我们从迪奥根尼·拉尔修

［Diogenes Laertius］的序言所引用的作品中了解到的那样，到公元前 2 世纪初，它已经接受了婆罗门、祆教僧侣、埃及祭司和德鲁伊德，而且这个集团一直在扩大，直到圣奥古斯丁（St. Augustine），更准确地说是他的资料，让这个集团包括了所有蛮族——"大西岛的利比亚人、埃及人、印度人、波斯人、迦勒底人［Chaldaei］、西徐亚人［Scythae］、高卢人［Galli］、西班牙人［Hispani］"（*Civ. dei* 8.9）——的神灵。然而，下述两点考虑使我把埃及放在了我的考察的次要地位。第一，自荷马［Homer］以来，埃及作为一个难以接近、有着奇特风俗的国家，已经引起了希腊人的兴趣，它从来没有被视为一个政治强国。即使有任何那种意味，它也只是作为一个不平常的知识宝库。希罗多德［Herodotus］为他花大量篇幅叙述有关埃及的事物提出了两个自相矛盾的理由，首先是"没有任何一个国家有这样多的令人惊异的事物，没有任何一个国家有这样多的非笔墨所能形容的巨大业绩"（2.35）。其次，希腊人从埃及人那里得到了如此之多的宗教和科学观念，以至于那些"被称为奥尔菲斯［Orpheus］和巴库斯［Bacchus］信徒的人，实际上是埃及人和毕达哥拉斯［Pythagoras］的信徒"（2.81）。所以，希腊化时代，尽管赫尔美斯·特里斯迈吉斯图斯作为知识之神的崛起是新的，但希腊人对埃及人的估价并无大幅变化。第二，由于处在希腊人的直接统治之下，希腊化时代埃及的本土文化衰落了，逐渐成为人口中比较低贱的层次的代表，如克莱尔·普雷奥［Claire Preaux］所说［*Chron. d'Égypte* 35（1943），151］，

语言和文字的封闭特性，使得说埃及语的祭司——更不用提一般的农民了——特别难于和希腊人交流。在基督教时代的新条件下，埃及人创造了科普特文学，表现了这种潜流文化的活力。但是希腊人更喜欢一个虚幻的、永恒的埃及，而不是他们那个时代埃及的思想。

另一方面，迦太基的文化没有衰落，它是被罗马人谋杀的，相当具有象征意义的是，他们把迦太基人的主图书馆中的书送给了努米底亚国王（Plin. *N.H.* 18. 22）。如果我们能够知道迦太基人的思想，我是很乐意谈的。犹如叙利亚的腓尼基城市一样，迦太基也日益希腊化了，亚里士多德就曾经把迦太基作为一个希腊城邦进行了长篇讨论。约公元前 240 年至前 230 年，埃拉托斯梯尼［Erattosthenes］将迦太基人、罗马人、波斯人和印度人放在一起，视为最接近希腊文明标准的民族，并特别指出，迦太基人和罗马人是管理得最好的（Strabo 1. 4. 9，p. 66）。

第二次布匿战争中，汉尼拔［Hannibal］曾得到卡勒克特的西勒诺斯［Silenus of Caleacte］、斯巴达的索叙罗斯［Sosylus of Sparta］等希腊历史学家的支持，当然他还和马其顿的腓力五世［Philip V of Macedonia］建立了同盟。在下一讲中，我还会提供一些证据，证明大约在公元前 190 年到前 185 年，有许多希腊人认为，汉尼拔是可能帮助希腊人摆脱罗马统治的救世主，甚至远在某些罗马演说家和作家把"布匿人的信义"（Punica fides）变成口号之前，西西里出生的历史学家蒂迈欧［Timaeus］已经在其作品中对迦太基人的性格进行诽谤了。但我们很怀疑有多少希腊人会接受这种宣传。波里比阿［Polybius］就拒绝相信它（参见例如 9. 26. 9；31. 21. 6 等）。尽管有加图［Cato］、西塞罗［Cicero］，或许还有恩尼乌斯［Ennius］等人咒骂迦太基，但甚至在拉丁作家中，仍有人拒绝加入到咒骂者的歌队中来。在普路塔斯［Plautus］的《布匿人》（*Poenulus*）中，并无任何特别不利的话语；科尔涅利乌斯·涅波斯［Cornelius Nepos］对汉尼拔的描述非常富有同情心；维吉尔［Virgil］几乎把"布匿人的信义"的称号转给了埃涅阿斯［Aeneas］。只有帝国时代的作家，如普鲁塔克［Plutarch］和阿庇安［Appian］等人才会接受流行的对迦太基人的文学描述，而根本不去思考下述问题：与"布匿人的信义"并行的，还有一个"希腊人的信义"。公元前 2 世纪，在希腊人和迦太基人之间，肯定存在着某种共同的危机和利益意识，而腓尼基出身的人，也对希腊哲学做出了重大贡献。扬布里科［Iamblichus］是迦太基毕达哥拉斯派的创立者（*Vita Pythagor.* 27. 128；36. 267）。我们所拥有的有限的资料细节表明，即使罗马人没有毁灭迦太基，迦太基的文化人——像希腊的文化人一样——也很可能成为亲罗马分子。约公元前 163 年，一个叫哈斯德鲁巴［Hasdrubal］的年轻人来到了雅典，并在三年后加入了由卡涅阿德斯［Carneades］执掌的学园。他以希腊名字克利托马库斯［Clitomachus］知名，并在公元前 127 年被承认为园长。他把自己的著作献给了公元前 149 年的执政官森索里努斯［L. Censorinus］以及诗人卢奇利乌斯［Lucilius］。约公元前 140 年，可能正是后者赞扬，甚至可能膜拜西庇阿·阿非利加努斯［Scipio Africanus］。公元前 146 年迦太基城被毁之后，他曾写书安慰迦太基人，同时，他仍忠于罗马，两者之间并不矛盾。西塞罗曾读过这部作品（*Tuscul.* 3. 54）。由于对这些事情感觉迟钝，因此他并未感到形势多么可怕。人们会奇怪克利托马库斯把安慰分给哪里的迦太基人，他已经陷入那让他的同时代人波里比阿成为罗马法律和秩序支持者的罗网之中。公元前 2 世纪另一个游荡于希腊和罗马之间的迦太基人可能是普罗克列斯［Procles］，他是迦太基人欧克拉特斯［Eucrates］之子，波桑尼阿斯［Pausanias］曾两次援引他的作品。我们从其中的一处引用（4. 35. 4）了解到，普罗克列斯曾把亚历山大和皮洛士［Pyrrhus］进行比较，发现前者在幸运程度上超过后者，但后者是一个更优秀的战略家。在另一处引用（2. 21. 6）中，他好像把那个被帕尔修斯［Perseus］杀死的戈尔工美杜莎［Gorgon Medusa］作为利比亚野人的一员，"从这一种族中，他（指普罗克列斯）看到有一个人被带到了罗马"。普罗克列斯及其父亲的希腊读音名字，更可能是希腊化的标志，而非他们本就是希腊人。在这一类的智力游戏中，普罗克列斯利用了自己的聪明，他对希腊神话做了理想主义者的解释，并对受欢迎的军事统帅进行比较。对希腊和罗马的公众来说，这种做法合乎他们的脾胃。在一些更琐碎的问题上，他似乎也在希腊和罗马之间摇摆。遗憾的是，我们没有足够的资料来构建公元前 3 世纪到前 2 世纪希腊人和迦太基人如何相互看待对方的合乎逻辑的

图景，也不知道罗马人如何从这一形势中牟利；关于泰伦斯
[Terence]——一个从非洲进口的奴隶，后来如何成了拉丁
文学中最有成就的希腊化的戏剧家的过程——我们所了解的
绝不是最少的。

因此，在本讲座中，我将把核心放在希腊人、罗马人、
凯尔特人、犹太人和伊朗人在希腊化时代的文化联系上。只
有在理解后来的时代必需的情况下，我才会追溯到古典时代
的希腊。我希望弄清的是，在与他们自己的文明发生接触
时，希腊人如何逐渐认识和评价这些非希腊语的民族。我曾
经期待发现的是，在希腊人接触各个民族以及这些民族对希
腊人的接近所做的反应（当我们可以从资料中识别出来时）
中，它们之间是相互依存，而非整齐划一。而我没有料到，
但确实发现的情况是，一旦公元前 2 世纪的人们开始感受到
罗马在意大利之外的力量，在希腊人和犹太人、凯尔特人、
伊朗人的关系中，罗马就具有强烈的影响力。罗马对那些与
其发生了接触的人的影响，是快速而强劲的。

II

在语言、风俗，首要的是自我意识上，希腊化文明仍
然是希腊的。在亚历山大里亚和安条克 [Antioch]，就像在
雅典一样，人们默认的假设是：希腊语言与风度具有优越
性。但在公元前 3 世纪和前 2 世纪，思想界出现了缩短希腊
人和非希腊人距离的潮流，非希腊人利用希腊语言向希腊人
讲述他们自己的历史以及宗教传统的努力，达到了空前的

程度。这意味着犹太人、罗马人、埃及人、腓尼基人、巴比伦人甚至还有印度人（阿育王［Asoka］的诏令），都依靠自己的贡献进入了希腊语文献中：公元前 5 世纪桑托斯［Xanthus］为吕底亚人所做的工作，如今成了流行的做法。自史前时期以来，这一时期进入希腊众神中的外族神灵比任何时期都要多。另一方面，外族不仅接受了希腊人的神灵，而且把他们自己的众多神灵与希腊神灵混合起来。在意大利（伊达拉里亚和罗马），这种无组织的融合特别成功；在迦太基、叙利亚和埃及，留下了融合的烙印；在犹太，融合并不成功；在美索不达米亚，几乎没有什么意义；在印度，通过犍陀罗艺术，它至少影响了印度宗教的图像技法。早在公元前 5 世纪和前 4 世纪，希腊的哲学家和历史学家就对外族的信仰和风俗表现出浓厚兴趣，而且乐于承认它们所包含的某些价值。毕达哥拉斯师从外族老师的故事，在公元前 4 世纪的资料中已经出现，也许还要早些。赫尔美斯·特里斯迈吉斯图斯、琐罗亚斯德以及他的祆教僧侣，都因为他们自己提出的关于自然界运动的主张而成为受尊敬的人物，摩西［Moses］和亚伯拉罕［Abraham］也受到尊敬，不过程度稍低。可是，在希腊化世界，外族心智的影响，仅限于能够用希腊语表达自己的愿望，没有任何希腊人读过《奥义书》［Upanishads］、《伽泰》［Gathas］以及埃及的智慧书。即使在《圣经》被译成希腊语后，我们也很难找到一个读过希腊语《圣经》的非犹太人。对所有说希腊语的人来说，希腊语仍然是唯一的文明语言。甚至在公元 1 世纪，《厄里特利亚海周航记》(*Periplus maris Erythraei*)的作者仍然认为，尽管埃塞俄比亚国王因贪求金钱而臭名昭著，但他关于希腊语的知识是任何人都难以达到的；犹太人斐洛 [Philo] 祝贺奥古斯都 [Augustus] 时，说他扩大了希腊主义的领土 (*Leg. ad Gaium* 147)。

土著希望他们的努力为希腊人所知，明显受到了希腊人对土著兴趣的鼓舞，而且一般来说，是与政治形势同步的。但希腊人很少去检验土著告诉他们的内容，因为他们并不懂得土著的语言。另一方面，土著懂得两方面的语言，精明地了解到希腊人的心思，并据此发言。双方的这种立场让真诚和真正的理解没有发生。如果没有迫切的需要，空想和理想化的情形盛行；如果有明确的意图，则宣传、阿谀奉承和相互指责流行。尽管如此，地中海世界总算有了共同的语言，以及与语言伴生的文献，而且是唯一对所有问题、辩论和激情开放的文献。

如果我们把这种形势和古代世界可以称为古典时代的公元前 600 年到前 300 年进行比较的话，它的新奇之处就更加明显。自卡尔·雅斯贝斯 [Karl Jaspers] 的《历史的起源和目标》(*Vom Ursprung und Ziel der Geschichte*)——战后德国关于史学的第一部独创性著作——出版以来，谈论轴心时代 [Achsenzeit] 已经成了常识。这一时期包括孔子 [Confucius] 和老子 [Lao-Tse] 时代的中国，佛陀 [Buddha] 时代的印度，琐罗亚斯德时代的伊朗，先知时代的巴勒斯坦和哲学家、悲剧作家与历史学家时代的希腊。这一概括包含了某种真正的真理因素，因为所有这些文明都展示了文化水平；把中央政府和地方权力合为一体的复杂的政治组织；精巧的城市规划；先进的金属技术与国际外交实践；在所有这些文明中，也都存在着政治权力与思想运动之间的紧张；同样，人们都注意引入更高程度的纯洁、更大的正义、更高程度的完美以及更统一的对事物的解释；作为对流行模式的批判或者选择，人们提出了有关现实的新模式。它们有些是神话式的，有些是预言式的，有些则是理想主义的。我们处在一个批判的时代，甚至在琐罗亚斯德《伽泰》那种倒退式的描述中，也发散着社会批判的气味。批评家的人格注定要凸显出来，他们是大师，其思想我们至今仍非常重视，他们的名字我们也耳熟能详。

　　这里我无意对我们提到的上述运动的共同特征进行分析，它们的本质是如此不同。对我们来说重要的是，就我们所知，它们相互独立，而且互不了解。波斯帝国时期，阿拉美亚语并不像亚历山大大帝以后的希腊语那样，是一种国际性语言，它没有深深地渗入到希腊或者意大利。当然其中有例外。公元前 425 年，雅典人截获并翻译出来的从波斯送往斯巴达的亚述文字的书信，我认为是其中的例外之一，因为可以肯定，修昔底德［Thucydides］所说的亚述文字［Assyria grammata］肯定是阿拉美亚文字（4. 50）。即使那个据称利用了亚希卡格言［Ahiqar］的德谟克利特［Democritus］事实上并不了解它们，至少提奥弗拉斯图［Theophrastus］利用过（Diog. Laert. 5. 50; Clem. Alex. *Stromata* 1. 15. 69）。但进入国际领域的阿拉美亚语文献无论在数量上还是在种类上，都是有限的。我们发现，在《圣经》中有两卷是希伯来语和阿拉美亚语的混合体，它们暗示，至少在犹太人中，作为一种国际通用语言，人们对阿拉美亚语的掌握不会超过阅读希伯来语的能力。其实，为了生存，即使在使用希腊语时，犹太人中出现会使用双语的人实在太经常了，但他们用希腊语写的辩护作品表明，这些作品是供贵族阅读的，而在《以斯拉记》[the Book of Ezra]和《但以理记》[the Book of Daniel]中，我找不到任何此类意图。

轴心时代是几个文明的平行发展。具有典型意义的是，轴心时代并不是以美索不达米亚和埃及为中心的。这两个文明相互联系密切，而且与波斯、犹太和希腊都关系密切。但是，美索不达米亚和埃及都仍然生活在那样一个世界中，那种在公元前第 2 千纪以君主的权力为基础建立的世界——在美索不达米亚，是神权保护的君主制；在埃及，是神圣的君主制。公元前第 1 千纪中期，它们毋需面对抗议和改革。在埃及，道德沉默盛行；在美索不达米亚，不管是在亚述还是在迦勒底，人们似乎都服膺于征服他人的原则，而不是批判自身。希腊、犹太、伊朗、印度和中国的人们，则通过对传统秩序的批判改造了他们的国家，但它们之间并无联系，也没有创造出国际型的文明。因此，希腊化时代的新奇之处，在于它让思想在国际范围内流通起来，同时极大地削弱了它们的革命性影响。与前一时期的轴心时代相较，希腊化时代是顺从和保守的。在圣保罗[St Paul]出场之前，一般的气氛是某种形式的尊崇。

希腊化文明一个突出的独特之处,在于两个外族集团——犹太人和罗马人——在其中将要发挥特殊的作用。犹太人基本上仍相信他们的信仰和生活方式具有优越性,并为之奋斗。可是,他们不断把自己的观念与希腊的观念进行比较,宣传自己的信仰,并在此过程中吸收了希腊人的观念和风俗。最后,犹太人发现,他们卷入了我们称之为基督教的希腊和犹太价值观的总体接触中。罗马人从来没有把他们与希腊主义的接触当一回事,他们是从一个强国的立场采取行动的,而且毫不费力地保持了自身强烈的自我认同感和优越感。他们花钱让希腊人教他们智慧。由于希腊人是奴隶,他们甚至连报酬都不用付。可是,通过吸收和直接把希腊人的神灵、文学规则、艺术形式、哲学观念与社会风俗据为己有,他们把自己和希腊人置于一种独特的相互关系中。他们越是把自己的语言变成一种思想的工具,以便使其能与希腊语竞争,并以更高的准确度表述希腊人的思想,这种关系也就越具有相互性(尽管希腊人从来不太愿意接受这个事实)。任何其他古代语言都不曾做到这一点。这并不纯粹是因为印欧语言之间的相似性,凯尔特语、波斯语、梵语和巴利语也都是印欧语言。自公元前3世纪以来,那里就一直存在着一种拉丁式的希腊主义,而且从未与希腊式的希腊主义同一,但也从未与它分离。在两个世纪中,那个创造了它的民族把自己变成了希腊世界的主人。此后,希腊和罗马的希腊主义的区别仍然发挥着作用,但两者间的政治障碍已经消失,而基督教的革命和两者都有关系。

轴心时代与希腊化时代的比较同时提醒我们，希腊主义至今仍影响着我们对古代文明的态度。自阿提拉〔Attila〕时代以来，已经有许多因素侵蚀了希腊化的世界观，但欧洲人〔homo Europaeus〕在心智上仍受到其希腊化祖先的制约。希腊—罗马—犹太三角仍然居于核心地位，而且只要基督教仍是希腊的宗教，它可能仍会继续保有这样的地位。对波斯、美索不达米亚和埃及，我们或多或少仍像希腊化时代的博物学者那样，将其作为外族智慧的持有者。在我们的工具书中，腓尼基人——特别是迦太基人——由于其制度和殖民活动，仍占据显赫地位，因为希腊人承认他们在这些领域中的成就。那个仅受到希腊化文明皮毛影响，而且对希腊人和罗马人来说都是巨大恐惧的凯尔特人，则简单地被抛在了传统的西方文明世界之外，我们对他们的描绘，也仍然是波斯多尼乌斯〔Posidonius〕式的；我们允许维琴格托里克斯〔Vercingetorix〕、波迪卡〔Boudicca〕以及少数几个德鲁伊德出现，是提醒学童们注意，在欧洲这个大家庭中，在罗马人时代，凯尔特人确实存在过。一个普通的、有教养的现代人关于印度的知识，不会超过希腊和罗马作家的水平。即使是今天，在我们传统的课程表中，也没有规定我们必须了解关于中国的任何东西，因为希腊人和罗马人对中国一无所知，或者说几乎一无所知。为挽救失落的人类文明，18世纪进行了最大规模的抢救活动，中国人、印度人和凯尔特人的文明是最大的受益者，但其影响只有教授、哲学家、诗人和一些有奇特兴趣的人感受到了。希腊化文化介入了此前几个世纪中分布在从中国到希腊、本来各自独立的文化的平行发展；它承认但同时也限制了埃及、美索不达米亚，尤其是伊朗具有的重要地位；它创造了希腊人与罗马人相互刺激和挑战的特殊形势，而且在一个更加有限的领域，造成了犹太人和希腊人特殊的互动。

III

需要特别注意的是罗马人在这个三角中所占的特殊地位，所以我们首先考虑它。在罗马人和希腊人关系的最初阶段，并无挑战存在。王政时代的罗马生活在伊达拉里亚文化的影响之下，而伊达拉里亚文化吸收了大量希腊成分，每一件新的考古发现所强调的，都是公元前 6 世纪希腊人和伊达拉里亚人之间的密切接触，最近的展现是格拉维斯卡［Graviscae］的希腊定居点的发现。这里是卡雷［Caere］的港口之一，有一座神庙，还有埃吉那人索斯特拉图斯［Sostratus］奉献的还愿供品。今天我们知道，这个人并不是在塔尔特索斯——希罗多德在其第 4 卷第 152 节做的错误推论就是如此——而是在意大利赚了钱。

伊达拉里亚的例证提醒我们，许多技术和观念的融合并不暗示两种文明间必然存在着某种程度的真正了解。对希腊人来说，伊达拉里亚仍是个谜，而这也是他们至今对我们还是谜的原因之一。如果罗马人追随了伊达拉里亚人，本都的赫拉克利德斯［Heraclides Ponticus］大概就不会早在公元前4世纪中期把罗马称为希腊人的城市了（Plut. *Cam.* 22）。当亚里士多德把罗马的建立归之于某些从特洛伊返回的阿凯亚人时，他所暗示的也许是同样的想法（Dionys. Hal. 1. 72. 3）。由于德米特里一世（Demetrius Poliorcetes）可能于公元前295年以后在罗马控告安提乌姆的海盗时，提到过"罗马人与希腊人之间的亲缘关系"（Strabo 5. 3. 5，p. 232），因此两者之间存在血缘联系的故事获得了某种程度的信任。公元前5世纪到前4世纪，在罗马与希腊世界的关系中，存在两种截然对立的特征：一方面，由于进口的希腊货物减少，商业联系肯定衰退了，大都市的希腊人仅仅把罗马作为一个存在于遥远地区的、不知名的城市对待，除马赛利亚外，即使是西部的希腊人，也很少注意到她。编年史传统对她几乎没有多少记载；剩下的就是罗马饥荒时向她购买了几次谷物；在消灭维爱［Veii］后，她给德尔斐奉献了贡品。没有一个希腊作家到罗马旅行过，也没有任何希腊历史家对罗马做过长篇记述。另一方面，罗马的社会发展把她与伊达拉里亚区别开来，使她类似于一个希腊的城邦。关于这一点，本都的赫拉克利德斯是承认的。

塞尔维乌斯［Servius］的百人队组织，无论它是否从梭伦［Solon］的四等级模式中得到了灵感，都让罗马变成了一个荣誉政体的城邦；十二表法，不管它是否基于希腊的立法，还是为罗马提供了一个希腊式的成文宪法；平民［the plebs］的解放以及对政治的渐进式参与，在伊达拉里亚好像都没有发生，但用希腊的话语却很容易理解；更重要的是，罗马的平民似乎对希腊的宗教和道德观念有特殊的兴趣。公元前493年献给刻瑞斯－德麦特尔（Ceres-Demeter）的神庙 14据称是平民的圣地，它是由希腊艺术家装饰的，其女祭司也是希腊人（Plin. *N.H.* 35. 154；Cic. *Pro Balbo* 55）。十人祭司团［Xviri sacris faciundi］是混合了贵族和平民的祭司团，与公元前367年李锡尼－塞克斯图法案［Licinian-Sextian laws］关于两个等级的充分平等［parification］一致。如果祭司团要请示西拜尔圣书，他们需要懂得希腊语。最后，有意思的是，在罗马专用术语中，最初的两个希腊姓氏的执政官属于平民阶层，他们分别是公元前339年和前327年的执政官Q. 普布利里乌斯·斐洛［Q. Publilius Philo］与公元前304年的执政官P. 森普罗尼奥斯·索弗斯［P. Sempronius Sophus］。公元前435年阿波罗［Apollo］希腊式崇拜的引入是否由平民创议，是一个无法回答的问题。公元前4世纪最后的几十年中，当罗马卷入对南部意大利的征服战争时，她显然有官员通过适当的外交途径处理与希腊人的关系。约公元前333年，当莫罗西亚人亚历山大［Alexander the Molossian］正进行意大利战争时，罗马和他签订了某种性质的条约。但他的突然消失，让该事件的潜在意义没有充分地表现出来。七年后，那不勒斯成为与罗马享有平等权利的［aequo iure］盟友。重要的是，正是那个有着希腊姓氏的执政官Q. 普布利里乌斯·斐洛得到了攻入坎佩尼亚的授权，从而促成了公元前326年和约的签订。

　　是罗马，而不是希腊，为把它们之间的关系变成一项独特的事务创造了条件。希腊人对罗马的注意，没有超出他们的地位所要求的最低限度。一点也不奇怪，他们注意到了罗马被高卢人扫荡的事实，因为马赛利亚不可能忽略凯尔特人如此规模的迁移。同时，除了狄奥尼修斯一世［Dionysius I］曾用高卢人做雇佣兵以外，他们对大希腊也是一种威胁。罗马人决定了解希腊人的情况，试图学习希腊语言，接受了希腊人的神灵，重组了他们的政制。一些希腊人认为，重组

后的罗马政制与他们自己的政制接近。公元前 4 世纪末，非常贵族化的费边家族［Fabii］，原本一直是伊达里亚语言和事务的专家，却决定转向希腊语言和艺术，以及对希腊世界的外交。公元前 302 年让 C. 费边·皮克托［C. Fabius Pictor］装饰萨卢斯［Salus］神庙的原因——那种"俗不可耐的追求"［sordum stadium］——到底是什么（Val. Max. 8. 14. 6），人们只能猜测。但公元前 273 年前往托勒密二世［Ptolemy Philadelphus］处的三个使节中，有两名是费边家族的成员（Val. Max. 4. 3. 9）。

直到后来希腊人发现自己面对的是个一流强国，而这个强国已经在公开的决战中击败皮洛士时，他们才做出反应，或者说是深入到罗马生活的表层下面。托勒密诸王因为是罗马人的盟友——迦太基人——的邻居，是希腊化各国中第一批试图与这个出人意料的新兴强国建立友好关系的国王；定居雅典但实际上是西西里人的蒂迈欧，是第一个搜罗了关于罗马过去的大量资料的历史学家。可以肯定，提奥弗拉斯图和叙拉古的卡利阿斯［Callias of Syracuse］比他要

早。他的同时代人——卡狄亚的希罗尼穆斯［Hieronymus of Cardia］，在关于继业者（the Diadochi）的历史中，插入了一段关于罗马的叙述。但据我们所知，没有任何其他人曾像蒂迈欧一样给予罗马如此多的注意和如此多的篇幅；也没有任何其他人像他那么有影响。关于罗马的建城，他有自己的定年；他直接考察过拉维尼乌姆的珀那特斯［Penates］神庙，描绘了马尔斯原野10月的赛马仪式；并把铸币的引入归于塞尔维乌斯·图里乌斯［Servius Tullius］。诸如此类。很明显，他详尽叙述了罗马的起源。我认为，我们没有理由怀疑吕科福隆［Lycophron］是在阅读过蒂迈欧的某些作品后，约于公元前270年写出了《亚历桑德拉》（*Alxandra*）的。如果此说属实，那么我们就必须把第1226—1231行的内容解释成：他通过传统的方式，承认了如今罗马已经统治陆地和海洋的新形势。但是，如果有谁不愿相信吕科福隆在公元前270年能说出"此后，我的祖先所属种族的声誉将达到他们的后代所能达到的最高峰，因为他们将用长矛赢得最光荣的桂冠，获得陆地和海洋的权杖和治权"（A. W. 迈尔英译，洛布古典丛书），那我们也就毋需为《亚历桑德拉》的写作时间争论了。关于这一点已经说得够多了。另外也有迹象表明，希腊人开始注意到罗马社会生活及其在国际事务中的行为的独特性。确实，罗马一系列著名的价值观——诚实（fides）、坚韧（constantia）、庄严（severitas）、稳健（gravitas）、尊严（dignitas）、权威（auctoritas），等等，是在第一次世界大战中由德国的教授们"发现"的，而且在希特

16

勒［Hitler］决定了古典学应当做什么的时候，他们又帮助其学生消磨时间。但在公元前3世纪，罗马人的某些特性，确实是得到希腊人欣赏的。

约公元前274年，罗马人的诚实打在了罗卡里人的铸币上（B. V. Head, *Historia Numorum*[2], 104）；德基乌斯［Decius］在森提努姆的牺牲［devotion］，显然受到了同时代的历史学家杜里斯［Duris］的注意（76 F 56 Jacoby）；一位罗马母亲［matrona］给他儿子的经典教诲，在卡里马库斯［Callimachus］的《起源》（*Aetia*）中有所报道（fr. 107 Pfeiffer）。埃拉托斯梯尼既钦佩罗马人，也钦佩迦太基人的政治秩序（Strabo 1. 4. 9）；塞浦路斯岛上撒拉米斯的阿里斯托斯［Aristos］可能生活在公元前3世纪中期。据阿里安［Arrian］说（7. 15. 5），他不仅是谈到罗马向亚历山大大帝派出使节的两个历史学家之一，而且让亚历山大预言了罗马未来的伟大，因为使者给他的印象非常深刻。遗憾的是，阿里安关于预言作者的话语模棱两可。到该世纪末，马其顿的腓力五世已经把罗马的公民权政策作为样板，来教育不愿服从的拉瑞萨居民（*Syll.*[3] 543）。这些是我们仅有的例证，但它们表明，希腊人正在罗马人身上发现某种他们自己不曾拥有的东西，尽管它们还非常模糊。

思考下述问题是愉快的：当希腊人正在佩服罗马人的诚实时，费边家族为什么会去学习希腊语？但我们更应该注意的或许是另一个事实：罗马吸纳希腊文化的决定性时期是前两次布匿战争。当他们正与迦太基鏖战时，却加快了学习希腊语言和吸收希腊风俗与知识的速度。而希腊对罗马的兴趣并无相应的增长。人们甚至发现，希腊对罗马独特性的关注萎缩了。既然皮洛士的征服者们如今卷入了一场明显遥遥无期的战争，罗马人似乎也从希腊文化人的视野中隐退了。在公元前270年到前240年的精心观察和墨林诺［Melinno］那样的崇拜式诗歌之间——虽然这些诗歌都无年代，但我们可以自然地把它们定在公元前2世纪初，我们必须承认有一段空白。但公元前240年到前200年又恰恰是希腊的史诗、悲剧、喜剧和史学成为罗马人生活方式的一部分的时期。那么，为什么当罗马人正与另外一个国家进行筋疲力尽的战争时，却又让自己投入到吸收另一个外国文化的困难任务之中呢？这是在他们最模糊也是最具决定意义的时刻，罗马人表现出来的众多特点中一个让人难以索解的谜。毫无疑问，与南意大利和西西里的希腊人或者希腊化的贵族的联系，对罗马具有本质性意义，但这样的解释并不充分。对希腊语言、风度和信仰的吸收，与民族文学的创造密不可分。而这种民族文学尽管模仿了外族的样板，但本身明显富有独创性、自信和攻击性。几乎没有比奈维乌斯［Naevius］和加图这一对更难以对付的人物了。他们分别是罗马史诗、戏剧和拉丁散文的创始人，而这类文学在拉丁世界的创造者肯定不是或者可能不是以拉丁语为母语的，因为李维乌斯·安德罗尼克斯［Livius Andronicus］的第一语言是希腊语；恩尼乌斯的母语是奥斯坎语；奈维乌斯因为是坎佩尼亚人，幼年时说的可能也是奥斯坎语；普路塔斯肯定是在翁布里亚语区长大的；

泰伦斯明显是用腓尼基语言开始写作的。喜剧作家斯塔提乌斯·卡基里乌斯〔Statius Caecilius〕出生在一个说凯尔特语的家庭中，一个来自北部意大利的伊苏布里人〔Insuber〕，而且显然是米兰这个自豪的城市产生的第一个作家。关于悲剧作家、恩尼乌斯的亲戚 M. 帕库维乌斯〔M. Pacuvius〕，我需要更谨慎一些。他来自布林底西乌姆，最著名的梅萨比语（Messapic）铭文的发现地（Whatmough no. 474）。但公元前244 年，布林底西乌姆成了一个拉丁殖民地，并且和希腊人的塔林敦保持着长久的联系，而帕库维乌斯最后就隐居在那里。他也许只说希腊语和拉丁语。

　　所以，并不奇怪的是，留给罗马贵族的是用希腊语写作，不管是历史著作还是正式的演说，都是如此。罗马人有悠久的编年史传统，它一直保存在贵族祭司手中。只有像费边·皮克托那样的罗马贵族——他本人可能就是一个祭司长——才能打破这一传统，像其他国家的本土居民一直做的那样，让罗马历史的本土版本可以为一般受过教育的人士所接触。正是通过用希腊语写作历史，费边·皮克托使罗马史学发生了革命。我们无须惊奇的是，当可以利用时，他也使用希腊人如派帕里图斯的迪奥克列斯〔Diocles of Peparethus〕关于罗慕路斯〔Romulus〕的资料（Plut. *Rom.* 3，8）。用希腊语发表公共演说是更勇敢的行为。有证据表明，在老到的希腊听众面前，罗马人立刻就出洋相了。公元前 282 年，L. 波斯图米乌斯·麦格鲁斯〔L. Postumius Megellus〕糟糕的希腊语在塔林敦成为笑柄，并推动了战争随后的发生（Dionys.

Hal. 19. 5；Appian. *Samn.* 7）。但是，罗马人和希腊人之间慢慢出现了一个重大区别：罗马人向希腊人说希腊语了。弗拉米尼乌斯［Flaminius］（Plut. *Flam.* 6）、格拉古兄弟［the Gracchi］的父亲（Cic. *Brutus* 20. 79），还有卢塔提乌斯·卡图鲁斯［Lutatius Catulus］（Cic. *De orat.* 2. 7. 28）的希腊语都说得非常优美。那个让人难以忍受而又不幸的续任执政官P. 李锡尼乌斯·克拉苏·狄维斯·摩基亚努斯［P. Licinius Crassus Dives Mucianus］——公元前131年的执政官，可以用五种不同方言回答希腊的请求者（Val. Max. 8. 7. 6；Quint. *Inst. Orat.* 11. 2. 50）。在对希腊公众发表演说时，罗马人决定自己是用拉丁语还是希腊语，也就是说，不用翻译。埃米里乌斯·保卢斯［Aemilius Paulus］能够很熟练地从一种语言转到另一种语言（Liv. 45. 8. 8；29. 3）。只有加图例外。虽然普鲁塔克相信，如果加图愿意，他也可以说希腊语（Plut. *Cat.* 12），但我们估计，他除了说拉丁语外，别无选择。

据我所知，希腊人从来没有选择过，在与罗马人交谈时，他们只能说希腊语，所以罗马人是否愿意成为翻译者，是由罗马人决定的。我们必须假设，公元前280年，基尼阿斯［Cineas］在元老院中是用希腊语演讲，并由翻译翻译的（Plut. *Pyrrh.* 18）。公元前155年，当三个哲学家代表雅典出使罗马时，资料特别提到了翻译：元老 C. 阿奇利乌斯［C. Acilius］（Aul. Gell. *N.A.* 6. 14. 9；Macr. *Sat.* 1. 5. 16）。苏拉［Sulla］时代，元老院可以不用翻译，就听取阿波罗尼乌斯·摩隆［Apollonius Molon］的发言（Val. Max. 2.2.3）。

由于吸收希腊文化如此顺利，在与已经确立其地位的特洛伊祖先进行竞争时，用希腊祖先来装饰自己的家庭也就没有什么特殊困难了。到公元前 3 世纪末，费边·皮克托已经接受了阿卡地亚人定居拉丁姆的传统（fr. 1 Peter）。据说厄凡德尔［Euander］已经把一种希腊方言介绍到了拉丁姆，而它在经过恰当的改造后，变成了拉丁语（Varro fr. 295 Funaioli；Dion. Hal. 1. 90. 1）。他们还得到了斯巴达人作为祖先（Dion. Hal. 2. 49；Plut. *Num.* 1. 1）。萨宾人看起来就像同时代的、克制的拉西第梦人。据塞尔维乌斯［Servius］记载，加图本人（ipse）曾说过这么个故事：拉哥尼亚人撒布斯［Sabus］是来库古［Lycurgus］的同时代人，移居到了拉丁姆（fr. 51–2 P.），萨宾人的克劳狄家族［Claudii］自然就成为他们斯巴达亲戚的保护人（Suet. *Tib.* 6. 2；cf. Dio 54. 7. 2；Silius Italicus 8. 412）。作为回应，费边家族宣称，他们的祖先是赫尔枯勒斯［Hercules］。我所了解到的最早的证据可以追溯到第二次布匿战争中的拖延者费边［Fabius Cunctator］，他特别忠诚于赫尔枯勒斯（Plin. *N.H.* 34. 40）。几乎可以肯定，弗里德里希·闵采尔［Friedrich Muenzer］把费边家族关于赫尔枯勒斯的传说归于奥古斯都时代博物学家的发明，是错误的（P.-W., s.v. Fabii）。可是，罗马贵族通常对于家族的神灵起源确实持谨慎态度，对他们来说，家族的希腊或者特洛伊起源就足以支持他们问鼎权力的欲望。

当然，我无意认为，在这场文化革命同时也暗含着政

治因素的革命中，不曾发生过任何阻滞。公元前173年或
者前154年，伊壁鸠鲁［Epicurus］派的哲学家曾被驱逐
出罗马（Athen. 12. 547a）。公元前161年，元老院的命令
［senatus consultum］规定，禁止哲学家和修辞学家定居罗
马（Sueton. *De gramm. et rhetor.* 25 Brugnoli；cf. Aul. Gell. *N.
A.* 15. 11. 1）。关于加图的矛盾态度，我无须做进一步的描
述。加图对希腊化的史学、农学和军事理论的了解，比任
何同时代的拉丁人都要深入，但他却纵情地嘲笑希腊的作
家，特别是希腊的医生："他们相互发誓，用医术杀死一
切外族人。［iurarunt inter se barbaros necare omnes medicina.
（Plin. *N.H.* 29. 14）］"此前一代人在与贵族派的麦特路斯
［Metellus］家族冲突后，奈维乌斯被迫保持沉默。他是第一
个先被监禁后又被逐出罗马的人。据说他后来死在布匿人
的城市乌提卡。对一个失去尊严的罗马人来说，这个地方
够显眼的（St Jerome, *Chron.* a. 1816, p. 135 Helm）。有关的
详细情节太不确定，因此这里无法进行有意义的讨论，但
这个细节的意义在于：约公元前200年，在奈维乌斯认为可
以将公元前5世纪雅典的言论自由出口到罗马时，他自欺欺
人了（Cic. *Verr.* Actio prima, 1. 10. 29 and Ps.-Asconius *ad. l.*
p. 215 Stangl）。希腊和罗马的文化人都得认识到：在罗马，
希腊化意味着对统治秩序的尊重。多数作家服从了，因此得
到了回报。李维乌斯·安德罗尼克斯这个过去的希腊奴隶就
达到了让人尊敬和有影响力的高位；他得到许可，建立了自
己的"团契"［collegium］。这是一个令人艳羡的特权（Festus

p. 333 M. =446 L.）。据一份资料（Corn. Nep. *Cato* 1. 4）说，恩尼乌斯是由加图从撒丁尼亚带到罗马的。尽管 E. 贝迪安［E. Badian］教授认为其不可信［*Ennius*, Fondation Hardt *Entretiens* XVII（1972），155–6］，但似乎并不能说服我。西塞罗把恩尼乌斯描写成西庇阿家族（Cic. *Pro Arch.* 9. 22）和新贵弗尔维［Fulvii］家族（*Tusc. Disp.* 1. 3；*Brutus* 79）的朋友；泰伦斯与西庇阿·埃米里亚努斯［Scipio Aemilianus］和 C. 拉里乌斯［C. Laelius］的关系非常密切。从《自责者》（*Heautontimorumenos*）和《两兄弟》（*Adelphoe*）的序幕中，我们知道他的对手曾试图借此败坏他的名誉。至于波里比阿，由于自公元前 167 年以来就是罗马的一个人质，当然也是在同样的门客关系条件下进入同一个圈子的。

21 总体上看，对希腊文化和语言的吸收是顺利和快速的，希腊的哲学家和修辞学家也成了罗马生活方式的一部分。公元前 92 年，当有人尝试建立一个使用拉丁语的雄辩术学校时（可以设想是为了某种民主派的事业），当时的监察官坚决反对；他们宣称，他们支持希腊语的修辞学，反对拉丁语的修辞学（Suet. *De gramm. et rhetor.* 25；Cic. *De orat.* 3. 24. 93）。如人们可以预料到的，拉丁语雄辩术的老师很快也成为受人尊敬的人物了。但是，西塞罗告诉他的一个笔友，他的长辈和上司曾经不赞成他进入这样的学校："而我过去常为这些博学者的观点所束缚。［continebar autem doctissimorum hominum auctoritate］（Suet. *De rhetor.* 26）"要维护罗马帝国，希腊语实际上是必须掌握的。

我们将永远无法确定，罗马帝国主义的成功，在多大程度上包含在罗马人学习用希腊语表达和思考时所付出的决心巨大的努力中；我们也只能猜测希腊人不懂拉丁语的后果。瓜塔诺·萨尔维密尼［Gaetano Salvemini］曾经坚称，墨索里尼［Mussolini］的结局之所以是灾难，是因为他总在错误的时刻对希特勒说"是"［Ja］。由于虚荣的缘故，墨索里尼不愿承认，对外交谈判来说，他的德语并不够用。希腊人至少从来不曾掩盖他们对拉丁语的无知。但是，他们理解那个民族的可怕吗？它曾经说服来自大希腊、坎佩尼亚、翁布里亚以及阿非利加来的人们，利用他们的希腊语知识，为拉丁语文学进行创作。公元前 160 年到前 60 年，曾有希腊人研究过罗马历史和制度，目的不是要讨好罗马人（曾有太多的人做过这样的事），而是为了理解罗马的征服。在下一讲中，我们也要自问一下，当他们掌握的拉丁语如此之少时，他们在多大的程度上取得了成功。大家都同意，为维护这个帝国，希腊语是必需的，但是，要把自己从帝国统治下拯救出来，拉丁语也是必需的吗？

2　波里比阿与波斯多尼乌斯

　　在"他哭泣"（ἐδάκρυεν）这个简单的希腊语词中，到底包含着多少滴眼泪？人们可以相信，古典学者会提出这样的问题。该词出现的场面非常有名，主角也非常杰出，当西庇阿·埃米里亚努斯正为被焚的迦太基哭泣时，波里比阿适逢其会，而且已经准备了正确答案。"都到我面前来，握住我的手，"西庇阿说，"波里比阿，这是一个光荣的时刻，但我有一种可怕的预感，终有一天，同样的命运也会降临到我的祖国头上（38. 21. 1. transl. W. R. Paton）。"波里比阿这段不完整的文字，是通过《格言辑录》（*Excerpta de sententiis*）流传下来的，其中的关键词"他哭泣"（ἐδάκρυεν）是由迪奥多罗斯［Diodorus］（32. 24）提供的，而且得到阿庇安《布匿战争》第132节的证实。据说他们都直接或者间接地利用过波里比阿的著作。这个补充似乎是正确的，因为西庇阿确实痛哭流涕过，所以古典学者们有理由提出这样的问题：他究竟流了多少滴眼泪？如阿斯廷［A. E. Astin］教授在其关于西庇阿·埃米里亚努斯非常有价值的专著中（1967年出版）观察到的："使用 ἐδάκρυεν 这个词时，迪奥多罗斯（波里比阿）并不一定是说，当时西庇阿号啕大哭，或者他真正地哭了。他们的意思也可能是指他当时热泪盈眶，有那么一两滴眼泪顺着脸颊往下流。这也许更符合波里比阿赞赏西庇阿的态度，即他是'一个伟大、完美的人，总之，一个值得我们记住的人'。"（p. 285）

然而，即使古典学者有权数清眼泪的滴数，也不应该允许公学的偏见干扰自己的历史判断力。波里比阿愿意从 ²³ 他显赫的朋友和保护人那里接受许许多多的眼泪，因为他也热情赞许过安条克三世［Antiochus III］的眼泪，当时暴动的阿凯亚人"被绑缚着手脚"带到了他的面前（8. 20. 9）。他还提到过老西庇阿［the Elder Scipio］的眼泪，当时后者正欣赏着占领新迦太基［Carthago Nova］后俘虏的王家妇女所受的屈辱（10. 18. 13）。这些场景并不是波里比阿发明的，可以肯定它来自某一罗马的资料——一封西庇阿·纳西卡［Scipio Nasica］的自传性书信。根据这一资料，普鲁塔克描绘了西庇阿·埃米里亚努斯的父亲埃米利乌斯·保卢斯［Aemilius Paulus］在接受作为俘虏的帕尔修斯［Perseus］王时的形象："从他的身上，埃米利乌斯发现，一个伟大的人物，由于诸神的憎恨和他本人不幸的命运，垮台了，因此他站起来，在朋友的陪同之下，眼含热泪前去迎接帕尔修斯。（*Aem. Paul.* 26. 5–6 transl. B. Perrin）"在普鲁塔克，因此也就是西庇阿·纳西卡的报道中（我相信是这样），这是一个供埃米利乌斯·保卢斯就幸运问题自由发表演讲的场合。至于这些罗马的将军是如何从他们的希腊化对手那里学会哭泣的，就好像他们如何从后者那里学会写有关胜利的自传一样，和这里的问题没有关系。罗马人并不需要等待希腊人去发现他们也是凡人。在凯旋式上，据说胜利的将军由一个奴隶陪同，他按照适当的间隔不断提醒将军："不要忘记，你是个凡人。[Respice post te，hominem te memento（Tertull. *Apol.* 33. 4；Arr. *Diss.* 3. 24. 85；Zon. 7. 21. 9）]"不过，这一点是否属于希腊化的内容窜入罗马仪式的情况，还存在争议。

重要的是，波里比阿发现，在罗马，有些人的兴趣、观念和感情反应与受过教育的希腊人并无不同，至少某些占据高位的领袖的感觉和行为，在他眼里某种程度上是完全可以理解的，而且是可以感知的。根据他本人的叙述，当他于公元前 167 年作为人质被带到罗马时，通过分享某些作品，他立刻就成了埃米利乌斯·保卢斯幸存的两个儿子的朋友。他当时大约 35 岁，而两个儿子中比较年轻的一个，即迦太基未来的毁灭者，大约 18 岁。他因为过继给科尔涅利乌斯氏族，已经取名为普布里乌斯·科尔涅利乌斯·西庇阿·埃米里亚努斯[Publius Cornelius Scipio Aemilianus]。当波里比阿和西庇阿在广场附近单独在一起时（波里比阿继续叙述说），西庇阿"稍许有点害羞，轻声而温柔地对他说：'怎么了，波里比阿，您怎么总是和我哥哥交谈，向他提出各种问题和解释，而忽视了我？'"（31. 23. 8-9）。实际上，解释随后就出现了，不过是在西庇阿"把波里比阿的右手握在自己的双手中，而且热烈地握着，说：'我能看到那一天吗？那时您会把所有注意力都放在我身上，并且把您的生活和我的融会在一起'"（31. 24）之后。波里比阿明显是有意把这场会见变成苏格拉底［Socrates］式插曲的，而且保罗·弗里德兰德［Paul Friedländer］提醒我们注意《大阿克比阿德斯篇》开头的场景［*Am. Journ. Phil.* 66（1945），337–51=*Plato* 1（1958），322–32］。他的文章的标题是《苏格拉底进入罗马》，从更广泛的基础看，肯定是有道理的。一个世纪后，西塞罗就把苏格拉底式教学方法进入罗马归于西庇阿·埃米里亚努斯及其友人。如其在《论共和国》（3.5）中所说："在我们祖先固有的用法之外，西庇阿和他的朋友们又添上了来自国外的苏格拉底的教导。"

　　如果波里比阿在罗马没有找到一批他本能地可以理解的贵族（因为他与他们的生活态度相同），那么他可能不会像我们今天见到的那样书写他的历史。双方的共同基础是前一个世纪中希腊化的思想和风俗大规模渗入罗马的结果。但我们必须考虑双方有某种程度的往还。据普鲁塔克的《七位哲人的午宴》（*Quaestiones Conviviales*）报道（IV，Proemium），在波里比阿负责西庇阿的学习后，据说他曾给西庇阿提出这样的建议："在您使您的一个公民同胞成为朋友前，不要从广场回来。"这说明波里比阿很早就抓住了"友谊"（amicitiae），也就是依附关系的实质，正是它支撑着罗马贵族的权力。他同样自如而同情地深入到罗马的规则、习惯和难以预料的网络中，而希腊化世界的其他许多政治家曾经在这张网中迷失了方向。在波里比阿关于罗马人及其风习的叙述中，他从不曾因为理解上有困难而感到棘手。当他在罗马大街上漫步时，他肯定总是有"旧地重游"（déjà vu）

25

的感觉。他给我们的印象也是，他辨识，而非发现；他缺少惊奇感。他是那种从不感到惊奇的历史学家的原型，就好像希罗多德是那些总是惊叹的历史学家的原型一样；他对军事和外交实践的掌握肯定对他有所助益，而且他坚信，罗马的政制可以用希腊的话语进行分析。关于政制循环发展理论，他并没有宣称是自己的独创。但是，即使他比他本人宣称的更有创造性，他所提供的解释不过是希腊模式的一个变种而已。此外，他对任何社会中超出常规的变异都有敏锐的感觉。他借下述评论赞扬西庇阿·埃米里亚努斯对其亲戚的慷慨："这种行为自然到处都会得到人们的钦敬，但在罗马，它就是一种奇迹。因为即使能帮上忙，那里的任何人也是不会把任何东西送给其他人的。"（31. 26. 9）有意思的是，在其关于罗马制度的描述中，他好像就得到了某些罗马官员可以利用的工具书的帮助。

他对罗马军营的描述（6. 27–42），几乎可以肯定来自某一本书，甚至他对罗马在卡皮托山每年一次的征兵行动的描述（6. 19–21），好像也是从一本成文的著作中搬来的，正如布隆特［Brunt］教授最近详尽论证的，它与他那时的实践之间几乎没有吻合之处［*Italian Manpower 225 B.C. —A.D. 14*（1971），625–34］。我们或许必须承认，即使在很容易核查有关事实时，他也并不总是这样做的。在其他时候，也就是他本人不在场的那些时候，我们知道，同时代的资料和他的记载之间是有矛盾的。普鲁塔克注意到，在关于皮德纳 ²⁶ ［Pydna］战役的某些细节上，他与其同时代人纳西卡就不一致（*Aem. Paul.* 16. 2）。波里比阿一贯的假设前提是：罗马人的动机总是透明的，他们的行为本质上是合乎理性的。但它涉及三个假设：第一，罗马上层不曾因利益和信念的冲突而在内部出现分歧；第二，罗马的上层能够不费事地控制下层阶级、拉丁人以及其他同盟者；第三，罗马征服世界的目标特别合理，而且没有产生什么问题。让我们对这三点做一个简短的总体分析。

关于公元前 2 世纪前期罗马上层内部的冲突以及罗马人和盟友的矛盾，我们需要到李维［Livy］以及其他不那么重要的作品中去找寻资料。波里比阿好像并没有注意到罗马内部的敌对情形，而它实际上伴随着罗马在利古里亚和皮埃蒙特的扩张。在我们看来，这一点应当是争议最少的。他没有提到的是，西庇阿·纳西卡是反对毁灭迦太基的，理由是罗马需要一个对手，以让她保持清醒和警惕。关于纳西卡在元老院发表的支持这一观点的演说，人们不断表示怀疑，波里比阿在这个问题上的沉默，是人们怀疑它的主要根据［W. Hoffmann, in R. Klein, *Das Staatsdenken der Römer*（1966），224］。但是，迪奥多罗斯已经知晓这篇演说的存在（34. 33. 4; cf. Plut. *Cato maior* 27. 1–2; Appian. *Pun.* 69. 315）；因此，他关于公元前 1 世纪的资料来源也应当包括该演说。从内容上看，它与阿庇安在《布匿战争》第 65 节的 298–91 行归之于西庇阿·阿非利加努斯的意见一致。波里比阿的沉默，也许不过意味着他倾向于忽略罗马保护人内部的意见分歧而已，也不排除其中有谨慎的成分。他忙于复述加图的笑话，即使这些笑话是针对希腊人的，有时实际上就是针对波里比阿本人的（31. 25. 5；35. 6；36. 14；39. 1），可是他并未告诉我们，在不同时期，加图曾受到 44 次控告（Plin. *N.H.* 7. 100；Plut. *Cato maior* 15. 4）。即使我们并不把加图与克文图斯·弗拉米尼乌斯［Quinctius Flamininus］（Plut. *Cato maior* 17. 1；19. 2）、加图与 P. 西庇阿及 L. 西庇阿兄弟之间的矛盾（Plut. *Cato maior* 3. 5–6；Nepos *Cat.* 1. 3）太当回事（在后来的传记传统中，这一点十分突出），但有一点是确实无疑的：波里比阿在有关西庇阿·阿非利加努斯受审问题上的过分模糊（Polyb. 23. 14），导致德桑克提斯［De Sanctis］那样的历史学家得出阿非利加努斯从未受审的错误结论（*St. dei Romani* IV，1，p. 594）。例如，公元前 187 年拉丁人的酒神节丑闻，波里比阿只字未提，对那些反对拉丁人的措施，同样只字不提（Liv. 39. 3）。确实，我们拥有的仅仅是他的历史著作的残篇，但是，不偶然的是，他关于希腊人方面的叙述充满了内部冲突，而关于意大利的叙述却让人惊奇地一个冲突也看不到。当然，沉默论证并不是唯一的证据，更加重要的也许是波里比阿对罗马贵族的葬礼仪式所感到的人类学家的愉悦。在该仪式上，罗马贵族要展示那些受雇戴上面具冒充其祖先的人。关于这个仪式，我们仅有波里比阿的描述，而这正显示了他独特的观察力。同样不可否认的是，他发现了一部分真相，即此种仪式是教育一般的年轻人要尊重他们的长辈和比他们更优秀的人，并鼓励他们获得同样的光荣（Polyb. 6. 54. 3），所以它们是公共节日。但波里比阿完全忽视了它的另一面：展示祖先崇拜和家族的荣耀，是某些氏族宣布——相对于其他氏族来说——他们享有传统的统治权利的场合。通过淡化罗马贵族内部的冲突以及意大利罗马人和非罗马人之间的矛盾，波里比阿创造出了这样一种气氛：罗马的征服既容易理解，又难以怀疑。我曾经向一位法国听众建议，如果写出一本名为《波里比阿上校的沉默》（*Les silences du Colonel Polybe*）的书，将颇有教益。

在这里我无须强调这样一点：谁也不能指望波里比阿去研究罗马帝国主义的动力问题。帝国主义一词本身就是现代的产物，在 1902 年霍布逊〔J. A. Hobson〕的《帝国主义》出版以前，我没有发现任何著作——不管是新的还是旧的——曾严肃讨论过帝国主义的动力问题。如果我错了，那就和弗拉基米尔·伊里奇·乌里扬诺夫〔Vladimir Ilyich Ulyanov〕犯一样的错误了，在其 1917 年发表的《帝国主义是资本主义的最高阶段》中，他持有和我一样的观点。甚至像孟德斯鸠〔Montesquieu〕的《罗马盛衰原因论》（*Grandeur des Romains et leur décadence*）那样思考罗马人的军事精神——虽然波里比阿曾有那样的建议——在古代都是不可想象的。但古人确实注意到那些发动战争的个人以及他们行为的正义和非正义问题，在偶然情况下，他们也会越出个人层次，讨论国家之间的利益冲突。希罗多德让他笔下的阿托撒〔Atossa〕建议薛西斯〔Xerxes〕去征服希腊；提奥庞普斯〔Theopompus〕在马其顿征服希腊历史的开头，就提到了腓力的人格特点；修昔底德因为把伯罗奔尼撒战争的真实原因归之于非人格的伯罗奔尼撒人对雅典的恐惧而声名大噪；在讨论与非罗马的国王或者领袖有关的事务时，波里比阿追究的是个人的责任。他提到了汉尼拔、腓力五世、帕尔修斯、埃托利亚人和阿凯亚人的领袖，认为他们应对本可避免的战争负责。但这里有一个例外（关于这一点，我们很快会再谈），据说他没有向罗马人提出类似的问题。即使是罗马人对撒丁尼亚的强制占领——虽然他承认不正义（3.28.2）——和第二次布匿战争的起源也没有直接联系起来。在考察希腊人、迦太基人、马其顿人和东方依附国的行为时，波里比阿遵循了多数希腊历史学家的模式，但他让罗马人成了例外。他们对统治的追求既没有得到分析，也不曾遭到怀疑。在罗马的问题上，他所提出的是某些颇为不同的问题：他们的政治制度、总体上说还有他们的风俗和习惯为统治世界的欲望提供的支持。这并不排除他可以对罗马的个别人做出否定性的评价，因为他们表明，自己达不到正常的谨慎或者智慧的标准，即使是克劳狄乌斯·马尔凯鲁斯［Claudius Marcellus］，由于缺乏谨慎，也受到谴责（10.32.7–12）。但是，关于罗马人的基本政策，波里比阿从来不曾有任何怀疑。

29　　波里比阿明显认同罗马的成功，因此，在既为希腊人、也为罗马人写历史时，他并不觉得困难。他不断明确申述的是，他是在对希腊人发言，这些希腊人对罗马的制度几乎没有了解；但另一方面，他又提到了罗马读者（6.11.3–8），而且明显认为，自己比罗马人站得高。他向希腊人解释罗马人成功的原因，又向罗马人解释他们自己取得成功的意义和条件。但我们不应把这理解成对罗马的道德和思想上的投诚，波里比阿是作为一个希腊人在行动，而且关于罗马对希腊的霸权如何适当地发挥作用有巨大的兴趣。在毁灭科林斯后，他对罗马人的行为不抱好感，而且直言不讳（Book 38）。公元前146年的事件——既包括迦太基的，也包括科林斯的——让他充满痛苦和忧虑。因为到那时，他已经成为罗马统治的一个重要代言人，而且是一个罗马人信任的代言人，所以他感到必须把自己的历史从公元前166年续写到公元前146年，以展示罗马人的行为。我们很难看到波里比阿对公元前146年以后的历史增添了什么，但从那些我们清楚了解的增加的内容看，他的忧虑和警告也同样清晰明白。在第3卷中，波里比阿解释了他将其叙述扩展到随后的20年的原因，他说："既然基于实际斗争而对胜利者和战败者进行的判断不是最终的……我必须附上有关征服者随后采取的政策以及统治世界的方法的叙述，以及其他人提供的、有关他们的统治者的不同意见和评价。"（3.4.4-6）当他叙述到公元前146年迦太基的毁灭时，他把希腊人关于罗马行为两种截然对立的意见都记录下来了（36.9）。对波里比阿来说，这一步不大寻常，考虑到他参与过对迦太基的毁灭，就更值得注意。由于他从来没有怀疑过罗马扩张的基本原则，我们无须把时间浪费在他是否赞同毁灭迦太基上。这里新奇而且重要的是，他认为有必要把当时希腊人不同的看法传达给他们的罗马主人。对于那个只能诉之于恐怖手段来维持其霸权的国家的未来，他明显感到担忧。因为在第3卷的那个部分中，他后来添上了下面的话："任何一个稍有理智的人，都不会仅仅为了消灭对手而发动对邻邦的战争。"（3.4.10）如果迪奥多罗斯的第32卷反映了波里比阿的观点，我们就获得了进一步的证据，认定波里比阿的看法是：罗马正在成为一个"恐怖和压迫"的国家。仍有疑问的是，考虑到他的假设以及处境，除了传达这种广泛的不满，同时暗示在罗马的统治阶级中某些东西已经发生了变化外，他是否还能做更多的事情。

波里比阿为其他愿意接受罗马统治并与之合作的希腊文化人铺平了道路。他们的目的不是要发现罗马帝国主义的根源，甚至也不是要说服希腊人这种统治是可接受的，而是希望说服罗马的领袖们按照某种方式来行动，从而不会疏离大多数臣民，也就不会危及行省上层分子的地位，因为这些人已经把他们的利益与罗马的统治统一起来了。罗马人已经结束了希腊城邦的社会斗争，给富有阶级的生存提供了含蓄的保证。在希腊，确有许多人因罗马人那种镇压——诸如公元前116年阿凯亚的杜美发生的微型社会骚乱——而感恩戴德，因此，罗马续任执政官克文图斯·法比乌斯·马克西穆斯［Quintus Fabius Maximus］写给该城官员的信中描述的废除债务和契约的情况，是当时的典型做法（SIG^3 684）。不过，对于受益者来说，重要的是此类政策不应因为抢劫、任意的毁灭、漫不经心的军事调动以及对行省居民利益的普遍鄙视而失去了效益。即使一个不那么有修养的观察者也能看出，罗马的领袖们本质上只对他们自己的权力和财富感兴趣，他们的地产、奴隶的数量以及其他无例外的剥削，正与日俱增，越来越明显。对波里比阿、后来是对他的继承者波斯多尼乌斯来说，古代罗马的淳朴是另外一种保证（Polyb. 6. 57. 5；31. 25；36. 9；Posid. fr. 59 Jacoby）。我们也许可以猜测，波里比阿的同时代人、斯多葛派哲学家罗德斯的帕奈提奥斯［Panaetius of Rhodes］，在这一点上也无异议。至少西塞罗告诉我们，帕奈提奥斯带着明显是赞许的口气，记录了西庇阿·埃米里亚努斯的下述意见：那些因连续成功而自得的人，应当像一次战役后的马匹那样受到约束。这是我们唯一来自帕奈提奥斯的引用（*De officiis* 1. 26. 90），它使我们获得了在他与西庇阿多年交往中所谈内容的某种印象。

近代学者归之于帕奈提奥斯的对罗马帝国主义理论的所有贡献，当然都是纯粹的想象。帕奈提奥斯的残篇中没有一条是和政治问题有关的，而西塞罗所引用的帕奈提奥斯的《论恰当的行为》（*Peri Kathekontos*），没有任何有关征服和行省政府的内容（Cic. *ad Atticum* 16. 11. 4；*De officiis* 3. 2. 7–10）。波伦兹［Pohlenz］教授为此写了一整本书，而且取了《古代的统治术》（*Antikes Führertum*）这个让人期待的书名。但事实仍然是：如《赫库兰尼乌姆的斯多葛派书目》［*Index Stoicorum Herculanensis*］这本优秀的资料所言（73），帕奈提奥斯某个时候在罗马生活过，而我们没有必要怀疑西塞罗在《为莫雷纳辩护》（*Pro Murena*）中所说的话（31. 56），否认他是西庇阿的客人之一。此外，我们还有他的学

31

生波斯多尼乌斯提供的无可辩驳的资料，说明他受西庇阿之邀，在大约公元前 140 年陪同西庇阿前往东方进行外交旅行（fr. 30 Jacoby）。与我们现在有关的西塞罗《论义务》的这一段，暗示在罗马的领袖和对他颇有助益的哲学家随从之间，看法有共同之处。他们都认为，过多的成功和权力意味着危险。谈话的语境实质上使我们可以肯定：帕奈提奥斯的下述看法是从西庇阿有关权力和成功的后果的评论中搬过来的。32 西庇阿认为，一个人越强大，越成功，也就越需要朋友的建议。这清楚地表明，他希望自己和西庇阿之间正是这种关系。像波里比阿一样，帕奈提奥斯操心的是鼓励那些他认为既最有影响，又最有良心的罗马人，不要滥用他们的权力。

在波斯多尼乌斯的历史著作残篇中，我们能够看到同样的态度。他是帕奈提奥斯的学生，在其所有哲学著作中，他还决定要成为波里比阿的继承者，叙述公元前 146 年以后的历史。我们不能肯定的是，波斯多尼乌斯是以苏拉独裁终篇，还是将庞培［Pompey］在东方的战争包括在内。但是，如果他的历史没有叙述到公元前 63 年的事件，我们必须假设，他另外写有一部关于庞培在东方的战争的专著，而两者的差异是巨大的。波斯多尼乌斯活动于公元前 100 年到前 50 年；公元前 86 年，他是前往罗马的使节之一，拜见了马略［Marius］。他与普布里乌斯·鲁提里乌斯·鲁弗斯［Publius Rutilius Rufus］早在帕奈提奥斯的学校中就认识了，所以肯定对罗马贵族（optimates）的兴趣有了初步认识。在他的追随者中，后来有庞培和西塞罗。

为证明政治权力和征服的正当性，波斯多尼乌斯提供了某种形式的理论。他似乎勾画过从黄金时代的王政到他本人所处时代主权的演化（Sen. *Ep.* 90）。就我们所知，他并不反对门客和农奴的永久依附地位，他对凯尔特人酋长的门客（frs. 15. 17. 18 Jacoby）以及本都的赫拉克里亚这个希腊人城邦中被称为马里安德尼人［Mariandyni］的农奴（fr. 8 Jacoby）的态度，就是如此。他甚至特别赞美过罗马对西班牙的统治，尽管在我看来，斯特拉波［Strabo］的那段引文更像是他本人对奥古斯都时代罗马和平（pax romana）的赞美。可是，具有本质意义的是，虽然他那个时代的社会运动对他的家乡罗德斯岛的影响远不像对希腊大陆的影响那么严重，但他仍对此忧心忡忡。

对罗马的不满最终导致了奴隶和下层阶级的暴动，并且间接，甚至直接得到了那些与罗马帝国相对的两个角落、希望捍卫自己独立的人的支持，他们是西班牙的部落民与本都国王米特拉达梯［Mithridates］。事实已经证明，波里比阿对罗马未来的担心是有道理的，这一点可能是波斯多尼乌斯决定续写波里比阿作品的一个主要原因。波斯多尼乌斯认为，他那时的物化奴隶制是一种罪恶。在他看来，开俄斯的居民——就是那个据传第一个把奴隶制引入到希腊的民族——终于以他们自己的被奴役受到了应得的惩罚，尽管这种惩罚是米特拉达梯因为相当不同的原因而强加给他们的（fr. 38 Jacoby）。他用沉重的笔调描绘了被奴役的矿工的生活，对卑贱者的痛苦寄予深深的同情［斯特拉斯伯格

（Strasburger）教授在《罗马研究杂志》第 55 卷（1965）第
40—53 页发表的文章提醒我们注意到这一点］。但是，他并
未因这种感情就对暴动者和反叛者持同情态度。他关于雅典
民主式的暴政——那个公元前 87 年在雅典领导反罗马运动
的亚里士多德派人物——是希腊文献中对人民领袖敌意最深
的。而我知道，在其他语言的文献中少有可以与之比肩的
（fr. 36 Jacoby）。关于西西里的奴隶战争，他的态度同样鲜明
（从迪奥多罗斯的叙述中，我们可以推测出，他追随的是波
斯多尼乌斯）。对他来说，问题是如何避免这类运动的兴起。
他更关心的是预防和镇压。无论如何，到他写作的时代，事
实表明罗马人能够安全地控制镇压手段。对波斯多尼乌斯来
说，预防意味着有节制地使用权力，对穷人甚至是奴隶的处
置要有责任心。他用不同的话语表达了波里比阿和帕奈提奥
斯的立场。

　　从迪奥多罗斯 32—37 卷保留下来的部分，我们可以推
测出这一点。我个人绝对不赞成把迪奥多罗斯看成简单的文
抄公的看法，而且我非常清楚地知道，如以文风作为衡量标
准，人们可以证明，罗纳德·塞姆爵士［Sir Ronald Syme］
是其门生某些作品的作者。但是，迪奥多罗斯的这些段落和
他所有其余部分都不同，其风格有一种新的活力，其人物
刻画让人回忆起奇特而难以控制的人格，政治和道德的评
价也比前面各卷具有更多的个人倾向。他对西西里奴隶领
袖优努斯［Eunus］的描绘不可避免地让我们想起波斯多尼
乌斯关于阿特尼翁［Athenion］的残篇。确实，阿特纳奥斯

［Athenaeus］12. 59, P. 542b（=fr.7 Jacoby）引用的波斯多尼乌斯第 8 卷的一段记载，与迪奥多罗斯的 34. 34 极为接近。更有意义的是，它给我们提供了有关西西里大地主达莫菲努斯［Damophilus］的细节，否则我们会把此条记载归之于迪奥多罗斯。我认为，如果我们把迪奥多罗斯作为一个忠实的摘编者，这次可以破例不用良心不安。他摘编的部分凝练而周密，很可能是波斯多尼乌斯创作的关于西西里奴隶战争的作品。

如果上述观点正确，那就证实了这样一种看法：波斯多尼乌斯意识到了起义前奴隶的绝望处境。迪奥多罗斯明确宣称，"奴隶们因为艰难的处境而感到沮丧，而且经常毫无道理地遭到虐待和殴打，已经对他们所受到的对待感到无法忍受了"（34. 2. 4）。达莫菲努斯因其残暴的行为"造成了他自己的毁灭，并给他的国家带来了巨大灾难"（34. 35）。迪奥多罗斯的同情——实际上是波斯多尼乌斯的同情——走得相当远。他承认，即使在战争中，奴隶们仍饶恕了那些曾对他们仁慈的奴隶主。那个残暴的达莫菲努斯的女儿，"尽其所能地安慰那些受到他父母殴打的奴隶们"。所以奴隶们不仅没有侵犯她，还把她护送到"她在卡塔那的某一个亲属那里"（34. 39）。但这位历史学家并没有把他的同情扩大到领袖那里，优努斯"得到了和他的奸猾相适合的结局"（34. 39）。他也没有放过其他暴动者的非法行为（更准确地说，是"暴怒和非法行为"）。他清楚地知道，自由民中的贫穷者参与了反对富有者的奴隶起义，所以，整个社会制度都受到了威胁（36. 11）。来自自由民的抢劫和非法行为，逐渐成为更大的威胁。在波斯多尼乌斯看来，奴隶战争和他自己亲眼目睹的内战是不可分割的。西庇阿·纳西卡反对毁灭迦太基的观点，在迪奥多罗斯、因此也是波斯多尼乌斯的叙述中，占有非常显著的地位，因为人们认为，他已经预见到，如果迦太基被彻底消灭，罗马有可能发生内战。"但是，一旦对立的城邦被消灭，那么非常明显的是，国内将发生内战，同盟者对统治集团的仇恨也会萌生，因为罗马官员过于贪婪和无法无天。"（34. 33. 5 transl. F.R. Walton，Loeb）据说西庇阿·纳西卡不仅预见到了格拉古时代的骚动，而且预见到罗马和它的意大利同盟者之间的同盟者战争。波斯多尼乌斯对格拉古兄弟当然不抱同情，在迪奥多罗斯的叙述中，盖乌斯·格拉古［Gaius Gracchus］"让国家中低贱的成分高于高贵的部分……而且从这些行动中，产生了致命的非法行为和国家的垮台"（34. 25）。从同一个作者的立场看，导致同盟者战争爆发的主要原因，是罗马人已经"抛弃了那曾让他们如此伟大的、有纪律、节俭和严格的生活方式，转而追求危险的奢侈和放荡"（37. 2. 1），由此得出的教训是要节制："那些杰出人物在行使政治权力时不仅要对那些地位低的人表现出同情心，而且在私人生活中，如果他们思维正常的话，也应温和地对待他们的奴隶。权力越是误入残暴和非法的歧途，那些屈从于这些权力的人也就越接近于无人性。"（34. 2. 33）后格拉古时代的罗马政治家中，波斯多尼乌斯佩服的只有那些既表现出节制又不屈从于骑士阶层贪婪的人，如鲁提里乌斯·鲁弗斯或者鲁基乌斯·森普罗尼奥斯·阿塞里奥［Lucius Sempronius Asellio］，后者是西西里的保护人（Diod. 37. 5；8）。对于他那个时代，波斯多尼乌斯几乎无可选择，他只能依靠他那伟大的朋友庞培。

在经历了半个世纪或者更长时间的罗马统治后——这也正是波斯多尼乌斯和波里比阿相距的时间，希腊的富人和受过教育的阶级已经明显把自己的利益和罗马帝国的存在等同起来了。正是这种自我证明使波斯多尼乌斯有权威和勇气站出来，提醒罗马统治者所犯的错误和处置的失当。波里比阿将一生的大部分时间用来向希腊人和罗马人解释罗马人注定取得胜利的原因，只有在涉及公元前146年以后的事件时，他才会对罗马社会及其政府的统治方法进行谨慎的批评。波斯多尼乌斯则把罗马的胜利当作理所当然的事实，并对导致罗马国家当时变革的危机进行分析。虽然在他对罗马否定性的分析中，注定要把意大利和希腊化的东方置于优先地位，但蛮族的西方同样卷入危机的事实，不可能逃过他的注意。他知道，高卢和西班牙的社会有自己的规则和美德，而且他带着同情的笔调去描写它们。关于这一点我们后面再谈。他不是那种否认罗马有权取用蛮族财富的人，我们重申，他像波里比阿一样，并不怀疑罗马征服本身。但是，他提到了意大利商人是作为剥削者出现在高卢和西班牙的（fr. 116–17），而且向我们表明，守卫努曼提亚的土著是非常重视自由的（Diod. 34. 4. 1–2）。

因此，在波里比阿和波斯多尼乌斯的叙述中，有明显的一致性，所以，当后者宣称要续写前者的作品时，他无疑是正确的。从其含蓄接受罗马统治的立场出发，他们是作为一个负责任的当时人来解释罗马的征服和统治的，而且符合希腊上层阶级的利益和需要。他们利用了从前辈们那里继承下来的方法。在波里比阿以前，外交和军事史的写作从来没有像他那样处理得如此精巧和有质量；而在整个古代，波斯多尼乌斯的社会分析也是无与伦比的。

可是，我们的印象仍然是，这两个希腊人从来没有完全理解社会机体真正发生的变化，正是这些事件成了他们得以生存下来的护身符。这里的悖论是：波里比阿和波斯多尼乌斯都是他们所欣赏的罗马的牺牲品。在已经确定罗马是希腊世界文明共同体中的一员后，他们就不能把那种他们曾非常自如地用来描述蛮族的方法应用到对罗马生活的研究中。他们不会像过去那样，从远处观察罗马，把她作为某种怪异的东西，有着谜一样的语言和宗教、可怕的仪式与恐怖的战争。即使我们根据第 34 卷的残篇可以认定波里比阿曾经像对待亚历山大里亚那样对待罗马，我们的理解也会有所收获，现存的半页关于亚历山大里亚的人分成三个阶级的描述值得我们记住，他们是埃及人——"一个敏锐而文明的种族"；雇佣兵——"数量众多、粗鲁而无教养的一群人"；以及亚历山大里亚人本身——"一个没有真正文明化的民族……但比雇佣兵要高雅，因为尽管他们是混血儿，但还是来自希腊种族，还没有忘记希腊的风俗"（34. 14）。波里比阿用了一句荷马的诗做结论："通向埃及的道路悠长而危险。"（*Odys.* 4. 483）可是他无论如何都不会用它来形容罗马，不管经过改写以后它是多么适合。基于同样的理由，我们必须为波斯多尼乌斯感到遗憾，因为他没有对罗马做民族志的探索，而他对凯尔特人所做的此类分析，使凯尔特人永远地活在了文献中，对任何过去或者未来的出格行为来说，它都是法兰西民族的样板。不管是波里比阿，还是波斯多尼乌斯，都不曾对已经改变他们生活的现象做过严肃的思考，那就是意大利文化的希腊化问题。确实，他们偶尔会注意到罗马人的希腊语知识和对希腊风俗的采纳，以及个别人对希腊观念的同情，但它们远比人们期待的不系统得多。我们在波里比阿作品中看到的提图斯·弗拉米尼乌斯［Titus Flamininus］和埃米里乌斯·保卢斯的特点（18. 12. 3–5；31. 22. 1–4），所强调的都不是他们的希腊化特征。波斯多尼乌斯似乎离开正题，专门写了一篇赞颂第二次布匿战争的英雄 M. 克劳狄乌斯·马尔凯鲁斯的话。他写这段离题话的原因是模糊的，也许是马尔凯鲁斯的某些后人给波斯多尼乌斯提供过保护。马尔凯鲁斯成了老派罗马人的代表，只是在论及政治态度时，波斯多尼乌斯才提到了他的亲希腊主义（fr. 43 *38* Jacoby）。无论是波里比阿，还是波斯多尼乌斯，对于足以与希腊文学对抗的拉丁语言文学的兴起，都没有表现出任何兴趣。如果只有波里比阿的作品，我们可能都不知道他是恩尼乌斯、普路塔斯和泰伦斯的同时代人。作为瓦罗［Varro］的同时代人，波斯多尼乌斯对于阿奇乌斯［Accius］和鲁基里乌斯［Lucilius］之后的人没有任何意识。确实，严格地说，他甚至没有意识到他的学生西塞罗在思想界的地位。虽然至少波里比阿的拉丁语肯定非常熟练，但他们俩似乎都不曾读过任何拉丁语诗歌，甚至是否直接利用过拉丁史家的作品都让人怀疑。波里比阿虽然持有和加图同样的看法——尤其是在有关罗马政制的问题上——但并不意味着他读过加图的作品。实际上，波里比阿可能走得更远，对于同时代说拉丁语的人所展示的希腊语言和风俗的知识，他感到厌烦。他责备罗马的年青一代在与帕尔修斯的战争中，在社会习惯上受到了希腊式放纵的影响（31.25.4），并且率先加入到马尔库斯·波基乌斯·加图一伙，因奥鲁斯·波斯图米乌斯［Aulus Postumius］不合时宜地卖弄自己熟练的希腊语并嘲笑他（39.1）。所有这些也许都有很好的理由，但波里比阿本人暗示了他的态度，他说，波斯图米乌斯"使希腊文化在年龄较大，也更加杰出的罗马人眼中变得讨厌"。结果是他对罗马生活中发生的最重要的变化的观察仅仅停留在表面上。波里比阿和波斯多尼乌斯都没有意识到，仅仅因为会说希腊语，会用希腊语思考，罗马的领袖们就获得了多么大的优势，而希腊人的领袖却需要翻译才能理解拉丁语。即使是在纯政治的意义上，波里比阿和波斯多尼乌斯也都没有想到，对罗马人来说，掌握一门外语意味着权力。他们到老派的罗马美德中去寻求罗马成功的原因，但罗马人已经通过放弃古老的罗马习惯而获得了权力。与之对应的结果，是他们对拉丁语取代希腊语而在意大利其余地区成为占领导地位的文化语言，以及拉丁语在西部行省中的传播——至少在波斯多尼乌斯时代，这一点肯定已经显明——没有做任何评论。如果阿特纳奥斯第 6 卷中（273a–275b）那冗长而复杂的一段——在菲尼克斯·雅可比的著作中，编号是残篇 59——可以被作为波斯多尼乌斯关于罗马文明观念值得信赖的摘要，那么有两个特点凸现出来：第一，罗马人在很长的一段时间里，保持了他们淳朴的生活；第二，在这段时期里，他们从外国人（希腊人、伊达拉里亚人、萨莫奈人和伊比利亚人）那里学会了许多技术，从斯巴达人那里学来了政制原则。他没有提到希腊的哲学和文学。就我们所知，把庞培作为一个亲希腊的人来描写的，是他的代理人、米提列涅的提奥斐尼斯［Theophanes of Mitylene］的突发奇想，不是波斯多尼乌斯。

波里比阿和波斯多尼乌斯不愿考察罗马希腊化诸形式一事，表明他们在自己的文明中地位尴尬。在传到罗马的希腊文化中，包含许多在希腊时让有贵族倾向的人感到憎恶的特征。如格拉古运动所表明的，那里仍然有一些鼓励社会改革的希腊思想家，库麦的布罗修斯［Blossius of Cumae］是其中之一。对我们来说，罗马的喜剧和讽刺诗是驯服的，人们也许会奇怪，在希腊贵族的眼中，他们是什么样子。宗教的问题最大，因为其薄薄的哲学神学外衣几乎无法克制更富野性的预言、狂喜、密仪以及仪式化的残忍。埃拉托斯梯尼以明显同情的笔调，报道过阿尔西诺伊三世［Arsinoe III Philopator］对庆祝酒神节的人群的敌视，而这些人都是她丈夫托勒密四世［Ptolemy IV Philopator］喜欢的（241 F 16

Jacoby）。波里比阿由此更进了一步，他几乎对罗马的巴卡纳利亚节［Bacchanalia］保持沉默，而从年代学和类型学上看，它与公元前210年在埃及举行的、新近受到欢迎的酒神节几乎不可分割。对于第二次布匿战争中罗马发生的宗教危机，波里比阿同样保持沉默。从他的作品里，我们看不到任何曾举行人牲的痕迹。他尽可能把西庇阿·阿非利加努斯变成一个无所顾忌地利用他并不赞同的宗教习惯的人物。

波斯多尼乌斯号称拥有一颗宗教的灵魂，在某种程度上这种说法是有道理的。但他没有注意到，苏拉和他的朋友庞培正走向自我神化。而他的逝世，使他不用为恺撒的神化提出解释。波斯多尼乌斯发现，在奴隶王优努斯和残暴的米特拉达梯的支持者中，有奇怪的雕像和伪造的神谕。因此，他为无比博学而坦白的意大利学者奥雷里奥·佩雷第［Aurelio Peretti］的观点提供了某些支持。1942年，他试图说服自己（如果可能，还有读者），任何印度－日耳曼血统的人都不可能反抗过罗马，因为反对统治权力的西拜尔神谕只是由犹太人以及其他东方人写的（*La Sibilla Babilonese*，1943）。事实上，有关这些神谕的最初证据来自波里比阿的同时代人、逍遥派的哲学家和历史学家罗德斯的安提斯梯尼［Antisthenes of Rhodes］。有关公元前198年到前188年的历史，有一条比较长的残篇由特拉勒斯的腓勒贡［Phlegon of Tralles］保存下来。此人是哈德良［Hadrian］的解放奴隶，讲了一个引人注意的故事。约公元前189年，罗马将军普布里乌斯［Publius］在诺帕克都［Naupactus］的泛希腊性圣地中发了疯，开始用优美的希腊语发布有关罗马统治终结的神谕：一个来自亚洲的国王将为罗马人曾经对希腊人所做的一切复仇。普布里乌斯向他的士兵们宣布，他们很快将得到他预言真实性的证明，因为一头来自东方的红狼将会到来，把他吃掉。非常肯定的是，那头狼确实来了，而且把他吃掉了，只有他的头颅留了下来，不断重复着他关于罗马灭亡的预言。这里的普布里乌斯明显是指普布里乌斯·西庇阿·阿非利加努斯，当时他正和自己的哥哥在东方指挥行动。来自亚洲的国王如果不是安条克三世，可能就是汉尼拔，当时他 ⁴¹
还生活在亚洲。这头狼，甚至是头颅（提醒我们注意，卡皮托山据说就是由一个头颅命名的）是优秀的罗马因素。

汉尼拔也是一篇虚构的假历史的对象。它保存在一片纸草文献上。据我所知，这个故事还没有和安提斯梯尼传下来的神谕联系起来。这片纸草文献（*P. Hamburg* no. 129）包括一封据说是由汉尼拔送给雅典人的信，信件宣布了坎奈战役的胜利。信件明显是伪造的，其年代可能是公元前185年［E. Candiloro, *Studi Class. Orient.* 14（1965），171］。同样需要我们注意的是，罗德斯的安提斯梯尼是波里比阿讨厌和抨击过的一个历史学家。波里比阿不曾就安提斯梯尼如此充分报道的有关反对罗马的神谕发表任何评论，波里比阿和波斯多尼乌斯发现，宗教属于他们很不容易理解的文明领域，因此最好是谈论政治。

但是，这里出现的障碍，对波里比阿和波斯多尼乌斯来说，都是难以逾越的，尽管其原因和前面的可能并不相同。波里比阿从来就不曾抓住过他那个时代意大利政治组织的实质，他记载了其中的某些方面，例如罗马军队中为盟军所做的单独的安排（6.21.4）。但是，他从没有尝试描述罗马的自治市〔municipia〕和殖民地〔coloniae〕、拉丁同盟者和其他盟友的制度。从波斯多尼乌斯留下的有限残篇看，他好像不那么容易犯这样的错误。但是，如果波斯多尼乌斯曾经注意过同盟者战争前后意大利的结构的话，我们应该可以从斯特拉波那里知道它们，因为他广泛利用了波斯多尼乌斯的作品。然而，还是让我们把注意力暂时限定在波里比阿身上，因为他是一个政制和军事史专家，而且在 400 年的时间里，他一直规定着近代关于罗马共和国的思考。

像多数希腊历史学家一样，波里比阿知道，一个国家的军队是其政制中的一个组成部分。因此，在第 6 卷论述罗马政制时，他在一篇离题的描写中努力展示了罗马的军队组织。但是，他也遵循了希腊历史学家的普遍做法，把战争中的军队作为独立于曾经创造了它的政治组织的某种东西对待。在希腊生活的一般环境中，这一点颇易理解。战争中的成功取决于将军的能力，军队的勇气，战场的性*42* 质，军队的数量，以及其他许多偶发因素。虽然所有人都知道，斯巴达将军和士兵声望的背后是她的政制，但要把个别战役的胜败都作为斯巴达政制的产物，那恐怕就要落到希腊历史评价的一般标准之下了。这也就意味着，作为研究特定战争的历史学家，波里比阿更感兴趣的是它们的指挥，而非制度的背景。他自然会强调马其顿的步兵方阵和罗马军团之间的区别（18.28），但是，他不会把这场战争作为马其顿的君主制和罗马的混合政制之间的冲突对待。可是，在希腊的环境中被证明是健康的一种态度，当其应用到外国领土上时，就变得危险了。波里比阿被剥夺了他唯一可以证实其关于罗马政制解释正确性的机会。如果他能够把第二次布匿战争的指挥和罗马国家的非中心化——和她的自治市、殖民地——对应起来，而且和意大利同盟不断变化的模式对应起来，他也许很快会发现，自己关于罗马混合政制的解释几乎就是虚构。现实的情况是：地方贵族对罗马的忠诚，依次制约着他们的门客和追随者。波里比阿分析了罗马政制中那些与希腊联邦制有某些表面相似的部分，但从未问过自己，中部和南部意大利是如何与罗马当局合作的。对他来说，典型的是他传给我们的一份文件，这份文件为我们提供了公元前225年罗马士兵的数字，并且添上了可以服役但尚未征召的人员的数字。它对罗马公民和同盟者进行了区分，而且专门提供了主要同盟者士兵的数字（2.23–4）。波里比阿并不是在档案中找到 *43* 这些数字的，他很可能是在其罗马的前辈费边·皮克托的著作中看到的。此人公元前3世纪的最后10年用希腊语写了一部历史著作（cf. Eutrop. 3.5；Oros. 4.13.6）。波里比阿为报告这些数字陈述了自己的理由："从这些实际的数字中，我们可以看出，汉尼拔试图攻击的是一个多么大的势力，他勇敢面对的那个帝国，是多么的强大，而他几乎达到了目的，给罗马带来了巨大的灾难。"（2.24.1）他更具体地指出："当时罗马及其同盟者能够拿起武器的人数超过 70 万步兵，7 万骑兵，而汉尼拔入侵意大利的军队不足两万人。"（2.24.16-17）很明显，波里比阿提供数字的方式导向了荒谬，我们应该把罗马战争潜力的数字（可服役人员数字的意义正在于此）和迦太基的战争潜力进行比较，但波里比阿从来没有这么做。即使是那些实际征召入伍的数字——波里比阿提供的公元前 225 年的数字是 21 万，如果不经过适当分析，也不能与汉尼拔的军队进行比较。我的意思不是数字是否可靠，而是波里比阿对这些数字的利用或者不利用的问题。由于交通、食品供应以及战场的调度问题——任何一个古代的将军都本能地会注意到这些问题，军队的集结受到许多限制。在一场决定性战役中，一个希腊化国家能够集中的兵力，好像最多是十万人。公元前 301 年的伊普苏斯战役中，独眼安提柯［Antigonus Monophthalmus］集中了九万人；公元前 217 年，塞琉古王国和托勒密王朝各在拉菲亚集中了大约七万人。罗马的优势在于她的补充能力，也就是说，在经历过一次或者多次失败后的生存能力，反对皮洛士的战争、第二次布匿战争都证明了这一点。反过来，这种优势也提出了和同盟者的合作、实际上还有罗马人和同盟者力量的平衡问题。在我们现有的资料中，这样的问题偶尔会出现（例如 Livy，25.33.6），但从来没有任何古代的作家，甚至是波里比阿分析过它。

　　对一个希腊化世界的历史学家来说，准确描述罗马与其意大利同盟者（更不用说罗马城与其领土本身的周边地区）的关系，并不是不可想象的。希腊化民族志所采用的一般方法可能就足够了。但波里比阿当然必须抛弃他喜爱的混合政制观念，一般说来，他还必须承认，那些在他看来似乎思想透明的罗马人，是比他想象的更加神秘的生物。我们可以猜想，如果波里比阿的工作做得适当，近现代的学者们在深入罗马人的心灵时，遇到的困难就要小一些。我们也许要提到一些因此所遭受的损失，我们应该不会有库尔特·冯·弗里兹［Kurt von Fritz］490 页的《古典古代的混合政制理论》（1954），而这一点将令人遗憾，因为在这部荒唐的、把那肯定不存在的罗马混合政体与美国可疑的混合宪法进行比较的作品中，有许多智慧和知识的闪光点；我们可能也不会有莫里斯·奥洛［Maurice Holleaux］的《罗马、希腊和希腊化的君主国》（Rome, la Grèce et les monarchies hellénistiques, Paris, 1921）了。作者耗费了如此之多的智力和聪明，试图让波里比阿的理论变得可以理解，为此他提出了下述假设：由于过高估计了希腊化国家的攻击意图，罗马错误地变成了帝国。我们甚至可以怀疑，而且会成为我们最大遗憾的是会缺少贝迪安教授的严厉批评，原因是我们没有对征服高卢和征服希腊给予适当的注意，致使我们因省略了这些、添上了那些而犯了罪。

换句话说，即使对罗马国家与其盟友的关系进行简单的、静态的分析，也会有助于我们用更加理智的话语阐述现代式的、非波里比阿式的罗马帝国主义问题。罗马军

队的二元组织，当然反映的是罗马国家的二元组织。一方

面，那里有罗马公民（就我们的意图而论，可以抛开有选举权的公民和无选举权的公民之间的区分问题 [cives cum suffragio and cives sine suffragio]），他们组成了军团。另一方面，那些被称为同盟者 [socii] 的被征服的昔日的敌人，他们被迫提供军队，追随罗马人参与战争，但不需要支付贡金。每一方都必须保持合理的满意度。对普通的罗马农民来说，长期的军役是灾难性的，但人们能够期待于罗马公民的，是他们主动对敌人的行动做出反应，而且他们有权分享胜利带来的任何战果和荣誉。即使是在公元前 2 世纪，当罗马的农民－士兵成为政治问题时，军团的忠诚通常也是没有问题的。同盟者就是另一回事了。人们不能期待他们主动忠诚于罗马，可是，他们必须忠诚，而且他们必须忙于战争事务，否则整个罗马组织的大厦就会坍塌。由于军事义务成为联系罗马和同盟者唯一的现实纽带，罗马就需要最大程度地利用这些义务，以免它们变得无意义，更糟糕的，可能会使同盟者的军队掉过头来反对罗马。正如雅典帝国有她自己的逻辑——较多的贡金意味着较少的军事义务，意大利同盟的组织也有自己的逻辑——没有贡金，意味着最大限度的军事合作。同盟者的忠诚需要得到控制和鼓励。控制在两个层面上实现：直接的是通过罗马的官员，间接的是通过盟国的统治阶级。所以，这个统治阶级必须得到支持甚至是加强。但是，普通的同盟者士兵终归也要为其付出得到某些报偿。同盟者必须得到获得光

荣、战利品以及在被征服地区定居的机会。对这样一个问题，罗马从来没有找到完美的解决办法，最后，她只得面对同盟者的暴动，并授予他们罗马公民权。但是，这架机器工作了大约 200 年，即从公元前 280 年到前 100 年，而且它发挥作用的方式是：罗马从一个战争转到另一个战争，根本不让人们过多地去思考下述形而上的问题：这些战争究竟是为罗马获得权力，还是让同盟者更忙碌。战争本身就是罗马组织的本质。森提努姆战役是皮德纳战役，甚至是毁灭科林斯和同盟者战争的自然前奏。 ⁴⁶

波里比阿没有能够为罗马对意大利的统治创造一个适当的模式，波斯多尼乌斯也继承了这一点。就我所知，任何其他希腊作家也没有能对此做出补救。哈利卡纳索斯的迪奥尼修斯［Dionysius of Halicarnassus］对作为一个整体的意大利历史有兴趣，但他的研究局限于古风时代的罗马，当时那样的问题还没有出现。维列伊乌斯·派特库鲁斯［Velleius Paterculus］和阿庇安《内战史》前几卷的拉丁语资料来源（埃米利奥·加巴［Emilio Gabba］认为，源头可能来自阿斯尼乌斯·波里奥［Asinius Pollio］）更接近于罗马政治史的意大利人视角，但到他们写作的时候，罗马共和国的帝国主义已经变成了皇帝（the Caesars）的官僚帝国。波里比阿的作品保存下来的数量，足以影响近现代史学家对他的解释，但波斯多尼乌斯至少通过诸如迪奥多罗斯、斯特拉波，可能还有撒鲁斯特［Sallust］和普鲁塔克那样的中介流传到文艺复兴时期。波里比阿的命运容易理解，但要确立波斯多尼乌斯在近代思想中的地位，我们必须对早期的民族志进行适当的研究。

从 15 世纪重新发现波里比阿开始，他的历史作品先后被作为关于政制的论文、军官手册和政治家，尤其是外交官的指南。从马基雅维利［Machiavelli］一直到孟德斯鸠，波里比阿都被视为混合政制的理论家。更有趣的是，文艺复兴后期，他对职业军队的形成做出了贡献。查斯图斯·列普修斯［Justus Lipsius］是一个古典学者，正是他把波里比阿引入到了军事领域。奥兰治 – 拿骚的莫里斯［Maurice of Orange-Nassau］以及其他的改革家都把查斯图斯·列普修斯的《罗马的军队》(*De militia Romana*，1595）以及波里比阿的原作作为有教养的军官的教材。早在 1568 年，剑桥大学圣约翰学院的克里斯托弗·沃森［Christopher Watson］就在波里比阿《通史》第一卷译本的前面写下了这样一首诗来赞美这位历史学家：

> 阅读波里比阿，
> 在行为中模仿他，
> 您会发现那里有很好的药方。

但是 50 年后，卡索邦［Casaubon］把波里比阿作为政治生活方面的专家推荐给世人，而且认为他是远比时髦的塔西陀［Tacitus］更好的向导。他的观点是：塔西陀选择了错误的时期，所以给王子们提供了恶劣的榜样，而波里比阿向近代政治家介绍的，是古代历史上高尚的时期。即使卡索邦当时心中所想的是某种更明确的东西，不是把它作为当时塔西陀主义者经过伪装的马基雅维利主义的替代，也没有把这一点说清楚。卡索邦之后，波里比阿出现在欧洲政治生活的许多领域中。例如，约1740年，英国人利用波里比阿来支持一年制国会的主张。爱德华·斯佩尔曼〔Edward Spelman〕——哈利卡纳索斯的迪奥尼修斯的译者——明显是1743年出版的一部匿名小册子的作者，小册子的名字是：《波里比阿第6卷的一个残篇……附有前言，其中把波里比阿的制度应用到了英国政府身上》。我碰巧发现（不是什么伟大的发现），1747年出版的同一个小册子有了新的卷首插图，还有一个新的书名。新书名甚至更加夸大其词，叫《罗马和不列颠宪法的对应：理解波里比阿关于罗马元老院的独特论述……其全部目的在于恢复真正自由之精神，炸毁依附制和腐败。献给现任年轻的国会议员们》。对一个20世纪的读者来说，即使是这个小册子也没有说明白，波里比阿为什么会和一年制的议会有关。但由这些小册子挑起的有关波里比阿的讨论，至少直到1783年一直在断断续续地进行。也许我还应当补充一句，爱德华·斯佩尔曼正是那个说了下 *48* 面这句话的人："善良的上帝啊，学院里有人知道哪怕是关于希腊的一点事情吗？"

　　确实，与波里比阿时代比较，社会阶级和政府机构之间的权力制衡问题，在近代欧洲更加关键。作为罗马政制的阐释者，波里比阿所拥有的声望，很大程度上反映了他在马基雅维利以来的近代政治思想家中的权威地位。所以，蒙森［Mommsen］必然得出如下结论：把罗马政制作为混合政制，并从中推导出罗马的成功，几乎没有比这更愚蠢的政治玄想了［eine thörichtere politische Spekulation］（*Röm. Geschichte*，7 ed.，11，p. 452）。同样还是蒙森，批评波里比阿在处理涉及法律、荣誉和宗教问题时，不仅老套，而且完全是错误的［nicht bloss platt，sondern auch grundlich falsch］。可以理解的是，通过与罗马人合作，波里比阿，还应加上波斯多尼乌斯，急于拯救那些可以属于希腊生活方式的东西，但他们没有探讨罗马－意大利这一复杂机体中最为坚实的亚结构。他们看到了非常重要的东西：罗马统治阶级的精神；征服和统治的方法；政治和军事组织的技术。此外，他们熟悉自己那个时代的希腊共和制和马其顿君主制，并且现实地评估它们挺身反抗罗马征服的能力。这一点就足以使他们成为罗马扩张的代言人，而不仅仅是历史学家。他们从来不曾怀疑罗马统治的正义性，也没有怀疑过它权力的真正来源。也许不那么明显的是，为什么他们两个人——波里比阿和波斯多尼乌斯，都在探索外族的西方，并在使他们更容易接近罗马人中发挥了如此显著的作用。由于他们把罗马人挑出来作为希腊人拥有最多天然联系的民族，从而把凯尔特人和迦太基人推到了另一个关系的范畴中。这就是蛮族的范畴，探索蛮族的领土并使他们可以被文明世界理解是希腊人传统的强项。碰巧的是，波里比阿和波斯多尼乌斯都参与了对西方国家的探索，而

且更突出的是，他们都涉及了法国和西班牙，其影响我希
望在下一讲中阐明。

今天我想讲的是："如果您想理解罗马统治下的希腊，请阅读波里比阿以及任何您相信也许属于波斯多尼乌斯的作品；如果您想理解统治希腊的罗马，那就请阅读普路塔斯、加图还有蒙森。"

3　凯尔特人和希腊人

I

　　你不可能对一个马赛利亚的公民说,《萨提里孔》的作者佩特罗尼乌斯［Petronius］并不出生在维亚－波特附近, 他们会搬出西多尼乌斯·阿波林纳里斯［Sidonius Apollinaris］的下列诗句:

　　et te Massiliensium per hortos

　　sacri stipitis, Arbiter, colonum (*Carmen* 23. 155–6)

　　"你, 佩特罗尼乌斯, 曾在马赛利亚的花园里崇拜圣林。"这证明佩特罗尼乌斯生于马赛利亚。如康拉德·西乔里奥斯［Conrad Cichorius］(*Römische Studien*, 438–42) 早就指出的那样, 他们证明的, 是《萨提里孔》失传部分故事的发生地就在马赛利亚。

　　但是, 马赛利亚和另外一个作家确有这样的关系。在5世纪的萨尔维安［Salvian］和我们20世纪的朋友亨利－伊里内·马鲁［Henri-Irenee Marrou］之间, 只有很少几个法国文化人的名字可以和马赛联系起来。即使是今天, 那些沿着卡内比大街居住的人也是面向大海而非法国做出各种动作。一直追溯到公元前 600 年的强大的自治传统，在路易十四的枪口下生存了下来，而且把在斯特拉斯堡创作的一首进行曲变成了《马赛曲》。

我今天的故事将带我们回到马赛利亚抵抗凯尔特大陆诱惑的起点。

II

希罗多德在其第一卷第 163 节以下的部分，讲述了弗
凯亚的公民们如何宁愿放弃自己的祖国，也不愿屈服于波斯统治的史诗式故事。再没有任何故事能比它给我们提供关于公元前 6 世纪地中海区的统一更深刻的印象了。当一个新的主角——波斯——打乱了现存的友谊、政治同盟和商业利益的平衡，骚动的浪潮立刻从小亚细亚一直延伸到西班牙。像往常一样，德尔斐需要顾全自己的脸面。在建议弗凯亚人定居科西嘉后，她必须解释计划失败的原因，因为一些弗凯亚人此前已经被传统上亲希腊的卡雷的伊达拉里亚人用石头砸死，另一些人被迫移居意大利南部的爱利亚。希罗多德说明神谕合理性的故事，首先是从德尔斐传出来的。但其余的部分，那个从塔尔特索斯王阿甘托尼奥斯 [Arganthonius] 开始的故事，无疑起源于弗凯亚。我们必须承认，在希腊联邦中，勇敢的弗凯亚公民历来是最自以为是的。在建立拉姆普萨科斯时，他们杀光了所有土著，但这是出于自卫的目的，当地国王的女儿曾就即将来临的进攻警告过他们。这些定居者的一个后代——历史学家查隆 [Charon] 详细叙述过这个

故事，他是希腊最早的历史学家之一，所以能建立一种模式。弗凯亚人在其他利古里亚人领土上建立定居点的经历，和马赛利亚人的版本一样。关于马赛利亚建立时没有对外人的土地进行暴力侵夺的故事，亚里士多德已经讲过（fr. 549 Rose）。一个弗凯亚贵族碰巧在利古里亚人的塞戈布里吉部落王那里做客，而国王的女儿当时正要从出席宴会的人中挑选一位作为夫婿。不用说，她选中了来自弗凯亚的客人，而他就在岳父送给他的土地上建立了马赛利亚，成为该城的奠基者。在特罗古斯·庞培［Trogus Pompeius］——此人是一个凯尔特人，在奥古斯都时代贩卖马赛利亚人的传说和怀乡情调——的《腓力史》（*Historiae Philippicae*）中，我们可以读到这个故事经过扩充和少许修改后的版本。特罗古斯向我们解释了希腊人和当地人之间的良好关系是如何结束的。在一次节庆期间，利古里亚人企图通过偷袭夺取马赛利亚，幸好其中的一个妇女报告了此事，结果是偷袭者遭到了惩罚（43. 4）。此后，马赛利亚人就关闭了城门，而且设置了永久性哨兵。特罗古斯在这里提供了某些实在的东西，李维在作品中对此也有回应。他报道说：公元前2世纪初，阿普里亚斯有三分之一的希腊人（这些人是前述弗凯亚人再度殖民后的定居者）每夜担任城墙的守卫，因为他们担心遭到比邻的伊比利亚人的袭击（34. 9）。但在叙述酋长卡图马兰都斯［Catumarandus］的事迹时，特罗古斯很快就缩回到他想象的历史中去了，说卡图马兰都斯做了一个梦，在梦中，一个女神要求他与马赛利亚人媾和。特罗古斯接着解释说，稍后，大约公元前390年，马赛利亚人拿出他们所有的财宝，从高卢人那里赎取罗马人。我并非做出如下推测的第一人：马赛利亚人花钱并不是为从布伦鲁斯［Brennus］那里赎罗马人，而是从卡图马兰都斯那里赎取他们自己。弗凯亚人依靠的是他们的处女神阿尔特米斯的帮助，但更多的是受益于当地公主的爱情。对许多现代学者来说，这似乎是非希腊的行为方式。

不可避免的是，马赛利亚的历史，就是小心提防其邻邦居民的历史。人们也许会注意到，那些在其领土上已经建立了城市的利古里亚人有一个非常具有凯尔特色彩的名字：塞戈布里吉人。无论人们对这个事实如何解释，至少从公元前5世纪后期以来，真正的拉登文化的［La Tene］凯尔特人就一直从他们设防的山顶上监视着希腊邻居的活动。从实际需要来说，马赛利亚人不得不和那些语言、艺术、部落风俗以及可能还有德鲁伊德智慧都属于流动的凯尔特文明的人打交道。所以她的历史，完全是保守的精英面对各种挑战，成功维持其传统的政治、社会和文化价值的历史。甚至恺撒在把她作为庞培的盟友进行惩罚时，也不是特别严厉。在贸易上，马赛利亚肯定得益于法国和西班牙沿岸的其他希腊殖民地，如尼凯亚、安提波利斯、罗德、恩波利亚、迈纳凯等，这些殖民地即使在起源上不是，至少实际上也是她的附属。但是，我们很难评估他们在军事和社会合作方面进行的努力，对于这些孤立的前哨阵地来说，这些合作肯定是需要的：既是义务，也是帮助。

就其与凯尔特世界的关系来说，马赛利亚提出了两方面的问题。一是马赛利亚对凯尔特人希腊化的贡献问题，二是周围的凯尔特邻人对马赛利亚以及经过马赛利亚对整个希腊人的影响问题。前一个问题已经得到大量讨论，而后一个，虽然人们同样感兴趣，谈得却少多了。

根据目前的研究状况，在希腊物质和精神产品深入凯尔特领土的过程中，要想分离出孤立的马赛利亚因素，显然是可笑的。因为凯尔特人的领土太大，至少从公元前4世纪末和公元前3世纪初起，它就从西班牙一直延伸到黑海地区，甚至还包括意大利北部和多瑙河地区。公元前279年以后，它到达了小亚细亚的心脏地带——新加拉太。它与希腊世界的接触点多不胜数，而且随着凯尔特人作为雇佣兵出现在意大利——后来实际上出现在各个地区，接触点还在不断增加。公元前186年，加拉太雇佣兵出现在埃及。在阿卑多斯的一座荷鲁斯小庙中，他们能用完美的希腊语向世界宣布："我们是加拉太人的部队，已经来到这里，捕获了一只狐狸。"（Dittenberger，*OGIS* 757）细心的历史学家附带提醒我们注意，捕获的不可能是一只狐狸，而是一只胡狼。

即使我们的眼光限于公元前6世纪后期和公元前5世纪，可供选择的接触点有限，罗讷河的道路也不是希腊人和凯尔特人之间的唯一通道，还有其他道路可穿过阿尔卑斯山以及其他中介路线，可以肯定的有伊达拉里亚人，腓尼基人也有可能性，马赛利亚人和他们都有过不友好的接触（Thucyd. 1. 13. 6；Paus. 10. 18. 7）。我们不清楚维克斯公主〔the Lady of Vix〕是否通过马赛利亚人得到她那巨大的花瓶——花瓶可能来自拉哥尼亚；也不清楚公元前6世纪末，马赛利亚的技工是否按照希腊人的风格，重新修建了符腾堡的荷讷堡地区多瑙河沿岸的要塞。只有晚期高卢的铸币模仿了马赛利亚的铸币，在公元前4世纪和前3世纪，它明显受到了马其顿的影响。在奥佩古，一个位于马赛利亚以北150英里的地方，公元前6世纪的陶器是爱奥尼亚的，可以设想，它们来自马赛利亚。在恩瑟卢，大量的希腊陶器几乎无法与马赛利亚人的分开。更重要的是，在凯尔特人和日耳曼人的方言中，很早就把希腊语动词 ἐμψυτεύω 作为“嫁接”接受了。在法语中，它是 enter，在德语中，它是 impfen。我还记得孩提时代第一次遇到这个词时，它是皮埃蒙特一个流行的农业术语。这个词的互通，暗示嫁接技术的互通，除非把它作为马赛利亚人借用的那个词，否则无法解释这一现象。这就使我们可以推断：在凯尔特人那有名的、按照等级组织的宴会上，正是马赛利亚人让凯尔特人的酋长们学到了一种新的、更加刺激的醉酒方式，喝掺了葡萄酒的蜜酒以及劣质啤酒。希腊人把葡萄酒卖给凯尔特人，同时也教会他们如何生产它。直到今天，我们仍不知道，马赛利亚何时成为锡主要的集散地。这些锡通过马帮，在30天的行程后，经英吉利海峡运到马赛利亚。直接的证据来自公元前1世纪（Diod. 5. 22. 4）。但从很早的时候起，肯定就有某些锡、铁、奴隶、皮革、羊毛和黄金到达马赛利亚，用来交换葡萄酒、橄榄油、盐、青铜、瓦罐和镜子。此外，希腊字母在凯尔特人中的传播，也是因为马赛利亚人，可能是在公元前 3 世纪到前 2 世纪发展的，因为这似乎是用希腊语书写高卢铭文的年代。公元前 1 世纪，马赛利亚附近的高卢人已经用希腊语书写他们的契约了（Strabo 4. 1. 50）。当恺撒占领赫尔维提人营地时，他发现了一份用希腊语书写的人口统计册（*Bell.* *Gall.* 1. 29）。同一个恺撒还给我们提供了一条信息：德鲁伊德祭司使用的是希腊字母（6. 14）。

至少在希腊化时代，凯尔特人是到马赛利亚学习希腊的语言和风俗。据斯特拉波（4. 15；Justin 43. 4. 10），该城是蛮族的学校。查士丁称，蛮族还学到了城市化的某些东西。从公元前 5 世纪恩赛罗内到希腊化时代的盖拉努姆和恩特里蒙特的设防城市［the oppidum of Entremont］所提供的考古资料看，他的结论得到了充分证实。盖拉努姆已经成为凯尔特人根据希腊精神建立定居点的经典教本；在恩特里蒙特发现的人像表明，凯尔特人最终放弃了他们反对表现人体的偏见。当恺撒提到在内尔维人中有 600 名元老（timouchoi，*B.G.* 2. 28）时，我们自然会问，马赛利亚的 600 名元老是否就是他们的样板。

反过来说，马赛利亚的公民也不可能对他们周围的文明保持无动于衷。据波里比阿（3. 41），他们利用凯尔特人雇佣兵从事防御工作。他们甚至逐渐把邻近一个小部落吸收为永久性辅助部队，至少恺撒是这么告诉我们的（*B. Civ.* 1. 34. 4）。瓦罗好像也说过，在他那个时代，马赛利亚有三种语言，其中的两种外语自然是拉丁语和凯尔特语。这段文字是通过圣哲罗姆［St Jerome］（*In Galat.* 2. 426，p. 543 Migne）和塞维利的伊西多尔［Isidore of Seville］（15. 1. 63）流传下来的，我们很希望了解它的语境。公元前 2 世纪，至少有一个在托勒密王朝服务的马赛利亚人的名字是秦托［Cinto］。该名很可能起源于凯尔特人［U. Wilcken, *Zeitscher. F. Aegypt. Sprache* 60（1925），97］。研究古代民歌的学者将下述有关马赛利亚人著名的好客行为归于凯尔特人的影响。当朋友们分别时，他们相互借钱，以便来世偿还。作为凯尔特人的邻居（瓦列里乌斯·马克西穆斯［Valerius Maximus］解释道），马赛利亚人已经从前者那里学到了灵魂不朽的信仰。由于它与毕达哥拉斯派的下述信仰一致，所以不会受到鄙薄。"我认为，如果你们这些穿马裤的人持有与穿斗篷的毕达哥拉斯派不一样的看法，那就是愚蠢的。［dicerem stultos, *56* nisi idem bracati sensissent quod palliatus Pythagoras credidit（2. 6. 10）］"所以，在李维归之于执政官 Cn. 曼尼乌斯·弗尔索［Cn. Manlius Vulso］的演说中，为了鼓舞罗马军团对加拉太人的鄙视情绪，他宣称甚至在马赛利亚，都有凯尔特人野蛮化的迹象："由于马赛利亚人处在高卢人之中，所以其相当一部分人的精神也高卢化了。［Massilia inter Gallos sita, traxit aliquantum ab accolis animorum］（38. 17. 11）" 马赛利亚在凯尔特人中享有很高的声望。公元前 195 年，拉姆普萨科斯提到了她的弗凯亚姊妹城市马赛利亚不仅在罗马，而且在处理与亚洲加拉太的凯尔特人的关系时曾经给予的帮助（Dittenberger，*Syll.* 591）。

所有这些证据表明，要描绘出一幅完全歪曲的希腊化时代马赛利亚的生活图景是多么容易。在另外一处，李维本人就让罗德斯的一个使者在元老院中赞扬马赛利亚在坚持希腊传统方面的顽强："他们就好像居住在希腊人中间一样。[ac si medium umbilicum Graeciae incolerent. (37. 54. 21)]"在古代的史料中，马赛利亚给人的一般印象是，她是一个一直保持着希腊古风面貌而无变化的城市。因此，她与威尼斯实在是太不同了，与黑海沿岸的希腊殖民地如奥尔比亚、潘提卡派翁等的差异也同样明显。马赛利亚人担心受到他们的邻邦的污染。如西里乌斯·意大利库斯[Silius Italicus]总结的："来自弗凯亚的定居者，虽然被傲慢的部落包围着，受到他们的邻邦野蛮仪式的威胁，却在好战的人们中，仍然保持着他们家乡古老的风俗和服装。"（Pun. 15. 169–72）亚里士多德知道，在某个时候，马赛利亚的政制比他那个时代更加富有寡头政治色彩（Pol. 5. 5. 2）。他发现，平民在某种程度上可以参与城邦事务（6. 4. 5）。但当斯特拉波——或者是他的资料——描述马赛利亚的政制时，它是十足的寡头政治。选举产生、终身任职的600名元老统治着城邦，他们必须已婚，有子女，并且是公民的后代。我们并不清楚这些人是如何选举产生的，但在实践中，几乎可以肯定，它不过是一种原任元老的互选。那里还有一个由15人组成的较小的行政机构，其中的三位显然是一年一任的国家首脑。任何外国人都不得携带武器，任何妇女都不得饮酒（Theophrastus fr. 117 Wimmer=Aelian.

V.H. 2. 3'8）。公共表演的道德方面受到严格控制，无论是谁，如果想自杀，都必须得到元老们的许可；如果他理由充分，国家会免费提供毒药（hemlock）。如果主人解放了一个奴隶，他还可以连续三次撤销给予那个奴隶的自由，因为一般认为，经过三次之后，主人的决定就不再可信了。这种严厉的风俗，与马赛利亚和罗马的古老友谊有不可分割的联系。马赛利亚宣称，从罗马发端起，马赛利亚就与她订立了同盟关系。由于罗马人在公元前390年攻占维爱后，就曾把他们献给德尔斐的贡物存放在马赛利亚人的宝库中（Diod. 14. 93. 4；App. *Ital.* 8. 11），可以肯定，这种友谊相当久远。公元前4世纪，由于他们共同面临着凯尔特人的攻击，友谊得以巩固。公元前3世纪末，因为汉尼拔利用凯尔特人进攻他们的国家，在他们之间创造了新的联系。对于晚期共和国和早期帝国时代的罗马来说，马赛利亚好像是古老的、完美的、过去的残留，"风纪严明，恪守古老道德〔disciplinae gravitas, prisci moris observantia〕（Val. Max. 2. 6. 7）"。对阿古利可拉〔Agricola〕而言，那里是最适合接受教育的地方。

马赛利亚是如此专注于保持自己的希腊，而且是贵族的特性，以至于从表面上看，她从来不曾组织任何对高卢内地的探险活动，也从来不曾把凯尔特人的制度和风俗的准确知识传达给其他的希腊人。在这方面，她与那些研究过土著，并且给希罗多德提供信息的黑海地区殖民地有明显的差别。谁也不会怀疑，马赛利亚人对大海及其海岸进行过考察，因为那是他们的生活。在迦太基人许可的范围内，他们尽可能远地沿海岸航行。欧梯美涅斯［Euthymenes］这个西非海岸的探险者，很可能比希罗多德要早；如 F. 雅可比暗示的，甚至比赫卡泰俄斯都要早（P.-W., s. v.）。阿维厄努斯［Avienus］的《航海记》［*Ora Martima*］可能是根据公元前 6 世纪或者前 5 世纪一个马赛利亚人的《周航记》（*periplous*）写成的（虽然这只是现代学者的猜想，而且缺少坚实的基础）。皮特亚斯［Pytheas］可能生活在公元前 4 世纪，似乎没有在高卢内地旅行过。在古代地理学家中，他的敌人抨击他有关神秘的北方——大不列颠、日德兰的报道以及他关于图勒的任何报道。但谁也没有攻击过他有关法兰西的报道。这表明，他没有提供关于法兰西的任何新东西。直到公元前 2 世纪，希腊人对凯尔特世界的了解仍然少得可怜，对法兰西的了解尤其如此。无论他们从这些二手的报道中得到什么资料，都注定是从马赛利亚人、意大利人或者巴尔干人的作品中挑选的，他们无须亲自考察。我们遇到的第一批研究凯尔特人的权威是埃福鲁斯［Ephorus］和蒂迈欧，两人都是纯粹的书斋史学家。他们能成为先驱者，纯粹是因为马赛利亚人从来没有在了解其邻邦方面做出任何努力。约公元前 350 年，当埃福鲁斯写出其第一批作品时，在关于世界的描述中就包括了有关凯尔特人的内容。他把凯尔特人放在世界的四角之一，认为他们是亲希腊的、过于肥胖、优雅的年轻民族，在遇到洪水入侵时，也不放弃他们的房屋（Strabo 4. 4. 6，7. 2. 1）。约公元前 280 年，当蒂迈欧为其历史写序言时，其中有一篇关于地理的导言。他的资料可能更充分些，谈到了罗讷河的河口以及大西洋的洋流对海洋的影响。他对马赛利亚有兴趣，在有关高卢其余地区的报道中，可能反映了马赛利亚人的意见。波里比阿尽管不喜欢蒂迈欧，也承认蒂迈欧关于西方的资料是下了功夫的。公元前4世纪末或者公元前3世纪初，在凯尔特人问题上，没有任何其他作家能与埃福鲁斯或者蒂迈欧一比高下。在亚里士多德失传的关于蛮族的著作中，肯定包含有关凯尔特人的论述，在《政治学》中，他的知识刚好足以使他在范畴理论的语境中，让凯尔特人的制度变得可以理解。与斯巴达人不同，凯尔特人虽是一个好战的民族，但不受妇女控制，因为他们喜好同性恋。但是，与斯巴达人一样，他们用严苛的方式抚养孩子。除政治外，亚里士多德还拥有某些奇特混杂的知识，例如，他认为在凯尔特人领土上的某些地方，由于过于寒冷，驴子不能生育（*De gener. Anim.* 2. 8. 748a）。他对凯尔特人的研究似乎不多，但即使是埃福鲁斯和蒂迈欧，后人发现他们有关凯尔特人的报道也很肤浅。实际上，根据后来的标准，即使是埃拉托斯梯尼的报道，也不能说有多少有意义的信息。斯特拉波专门指责过他对凯尔特人的无知（2. 2. 41）。如果把斯特拉波的抨击考虑进来，下述现象似乎就有些奇怪了：那些研究高卢古代资料的专家们，如杜瓦尔［P. Duval］等，仍然相信埃拉托斯梯尼至少写过一部关于凯尔特人的33卷论著《加拉太史》（*Galatica*）。只要随便浏览一下这部《加拉太史》的一些残篇（745 Jacoby）——都来自拜占庭的斯梯芬努斯［Stephanus of Byzantium］的引用，人们就会相信，《加拉太史》的作者是一个与埃拉托斯梯尼同名的年轻人，也许是一个注意到其前辈地理学中这一部分有空白的后学。埃拉托斯梯尼的《加拉太史》可能是在公元前156年以后写的，因为残篇提到了阿塔罗斯二世［Attalus II］和普鲁西亚斯之间的一次战争。同样肯定的是，其中一处引语提到的33卷这个数字，是文献的错讹造成的，因为《加拉太史》的卷数也许得多。即使如此，它们仍代表了凯尔特研究中的新时代，如我们很快会看到的，它是由罗马人开创和鼓励的。

在罗马人登上舞台之前，希腊人对凯尔特人的了解很少。他们的地理、制度、经济，只是从遥远的地方被观察，而且停留在表面上。马赛利亚的希腊人本应成为探索凯尔特人世界的天然中心，但他们从未深入到离开海岸的地方，即使是德鲁伊德祭司，也是缓慢地，而且是不引人注意地在公元前3世纪后期索提昂［Sotion］关于希腊哲学史的作品中才出现的（Diog. Laertius, Introduction），虽然也在一篇古人托名亚里士多德的关于魔法的论文中出现过（*Suda*），但该文更可能是逍遥学派的罗德斯的安提斯梯尼（他大约生活于公元前200年前后）创作的。尽管人们对蛮族世界的婆罗门智者、祆教僧侣、犹太人和埃及的祭司等都有兴趣，但很少提到德鲁伊德。索提昂和伪亚里士多德提到他们，是要证明哲学在希腊世界之外的古老起源。但是，主要的论点是由祆教僧侣和婆罗门铺陈的，因为在希腊的思想家和历史学家中，他们享有更高、更古老的声誉（Diog. Laertius，Introd. 1）。

有关凯尔特人知识的贫乏，并不意味着希腊人对此漠不关心，他们几乎不可能这样做。自公元前4世纪初起，在地中海世界的所有事务中，凯尔特人都是一个必须考虑的因素。同时代的希腊人饶有兴趣——可能也带有畏惧心情——目睹的罗马历史上的第一件大事，就是高卢人攻陷罗马。提奥庞普斯、亚里士多德和本都的赫拉克利德斯在记录这件史实时，都做了适当的强调。约公元前338年，斯库拉克斯［Scylax］——应该说是伪斯库拉克斯［pseudo-Scylax］——注意到凯尔特人在腊温纳北部的亚得里亚海地区出现，而这里和希腊人的商业利益有直接关系。在南部意大利，老迪奥尼修斯［Dionysius the Elder］招募凯尔特人为雇佣兵。腓力二世和马其顿亚历山大大帝时期，凯尔特人一直在向马其顿边境推进。50年后，他们占领了德尔斐，只是时间短暂。随后，他们就在小亚细亚站稳了脚跟，从而成为有关各方一块永久的心病，加拉太雇佣兵甚至阴谋推翻托勒密二世。由于他们所攻击的政治体系与制度都取得了重大发展，凯尔特人的每一次出击都证明了他们的重要性。罗马作为意大利最大的势力崛起时，拉丁人出于对凯尔特人的恐惧，大约于公元前350年放弃了自己的独立；安提柯二世［Antigonus Gonatas］严密控制的新马其顿王国的出现，是凯尔特人入侵马其顿和希腊的直接后果；对加拉太人的胜利，巩固了帕加玛国家，可能还为阿塔罗斯一世［Attalus I］自立为王提供了恰当的时机；最后，公元前189年格奈乌斯·曼利乌斯·弗尔索〔Gnaeus Manlius Vulso〕对加拉太人的胜利，为罗马对小亚细亚事务的干涉提供了合理的证明，并为他们提供了所需的仆从，以便遏制帕加玛的野心。虽然在攻击那些由步兵方阵和军团保卫的国家时无能为力，但凯尔特人拥有一个完美的劫掠者所需要的数量、勇气和速度。

但是，希腊人太忙了，忙于用诗歌和大理石庆祝他们对凯尔特人的胜利，以至于没有时间去思考这些骚动的原因。爱国主义和宗教的结合，肯定是希腊人面对一个外部社会冲击时反应如此激动的原因之一。虽然德尔斐被凯尔特人扫荡是传说，但阿波罗的城市确曾面临被攻陷的实际危险。宗教激情促成了"救主节"（Soteria）——希腊化世界最重要节日——的创立；科斯的铭文（*Syll*³. 398）表达了该岛居民得知公元前 278 年高卢人从德尔斐撤退的消息时天然的欢欣鼓舞的心情。那是胜利的日子，是整个希腊世界得救的日子。公元前 277 年，在安提柯击败高卢人后，阿拉图斯〔Aratus〕写下了给潘神的颂歌；卡利马库斯〔Callimachus〕的史诗《加拉太人》肯定继续发展了这一胜利。如鲁道夫·普法伊费尔〔Rudolf Pfeiffer〕指出的，该诗把涅瑞伊德斯的加拉忒亚〔the Nereid Galatea〕作为加拉图斯〔Galatos〕的母亲来表现，而加拉图斯是加拉太人的祖先（fr. 378–9 Pfeiffer）。后来，在托勒密二世惩罚了反叛的凯尔特人雇佣兵后，卡利马库斯在其提洛岛颂诗第四首中又谈到了"愚蠢的加拉太人部落"（l. 184）。从帕弗斯的索帕特罗斯［Sopatros of Paphos］——约公元前 280—前 270 年生活在埃及——的《加拉太人》（*Galatai*）残篇判断，加拉太人甚至成了喜剧中的笑料（fr. 6 Kaibel）。希腊化时代每一首致阿波罗的颂诗，自然都会提到神灵对凯尔特人的胜利。约公元前 120 年，利默尼奥斯［Limenios］的颂歌和曲谱被刻在了德尔斐。它仍在重弹以前的老调（Powell, *Collectanea Alexandrina*, 149）。其余的诗人也都庆贺塞琉古和阿塔罗斯王朝对同一支蛮族所取得的胜利。据《苏伊达斯辞典》，马格尼西亚的西蒙尼德斯［Simonides of Magnesia］曾颂唱安条克三世对高卢人的胜利。如果我们不能把它与《马卡比传》下篇［II Maccabees］中提到的 8000 名巴比伦犹太人和 4000名马其顿人抗击加拉太人入侵者的胜利（8. 20）视为同一事件，则我们对此一无所知。在维拉莫维兹［Wilamowitz］编辑的柏林纸草的一个残篇里，提到了一次希腊化的国王抗击高卢人的战争，但其他的只能靠我们想象了（D. L. Page, *Greek Literary Papyri* I, 463）。

象征艺术甚至比诗歌更清晰地表现了希腊人因凯尔特人激起的对过去胜利的自得和对未来入侵的恐惧心情。有四个情节似乎引起了艺术家或者是他们的保护人的注意。第一个当然是高卢人对德尔斐的进攻。甚至在巴拉丁山阿波罗神庙的门上，普罗波提乌斯［Propertius］都看到了"高卢人从帕尔纳索斯山上冲下来"（deiectos Parnassi vertice Gallos）的情景（2. 31. 13）。另一个是从德尔斐撤退后布伦鲁斯的自杀。那不勒斯博物馆著名的青铜像所表现的，可能正是这一事件。第三个情节是公元前 241 年阿塔罗斯一世的胜利，在帕加玛和雅典，两者的仪式都由国王本人开始。最后，在马里奥·塞格里［Mario Segre］早年完成的最优秀的一篇论文中，他论证说，意大利绘画中许多有高卢人出现的场景——如上世纪末在皮凯努姆发现的阿尔巴城壁画——表达的可能就是凯尔特人对米利都附近狄多玛的阿波罗和阿尔特米斯神庙的进攻，该地于公元前 277/6 年被摧毁［Studi Etruschi 8（1934），137–42］。帕加玛人的宣传让阿塔罗斯的胜利占据了显赫地位。如雅典卫城的纪念碑所示，帕加玛国王希望自己以新的神祇——巨人之战的领袖身份出现，代表反抗北方蛮族的希腊文明神圣秩序的捍卫者。可是，参与工作的艺术家无意把蛮族作为恶势力的化身，他们强调的是被击败的高卢人所遭受的痛苦，以及他们——或者是自己单独，或者和家庭一起——面对死亡时的勇气。这些雕像所取得的成功，表明公众和艺术家有着同样的情感。虽然并没有当时人对帕加玛作品的评论，但如果把它们作为人类痛苦的纪念碑几乎不会错，因为通过蛮族表现，更容易接受和容忍。

此外，还有其他一些更原始、更一般的表达对凯尔特人胜利的方式。不过更具意义的，是在某些骨灰瓮上刻画的葬礼中出现的一些哀悼人群。前往弗尔特拉瓜纳奇博物馆［Museo Guarnacci］的游客，不大可能忘掉那一系列的骨灰瓮，上有表现劫掠的凯尔特人从复仇之神那里逃走的奇特情景的画面。公元前 2 世纪的伊达拉里亚人肯定已经发现，在这样的场景中有某些寓意。另一方面，意大利南部卡勒斯的陶工们肯定也会为他们的那些杯子找到主顾，这些杯子让饮酒者联想到渎神的、战斗中的凯尔特人：不知它们是为了提醒饮者注意"牢记死亡"（memento mori），还是邀请他们沉醉于一个蛮族肯定会被打败的世界？

　　凯尔特人所引起的强烈反应在希腊人那里成为人类存在的象征，而且在发展趋势上与对凯尔特社会的批判性评价成反比。当然，我们必须充分考虑到公元前3世纪最重要历史资料的失传，在卡狄亚的希罗尼穆斯的作品中，很可能包含着对公元前280年至前275年凯尔特人入侵的准确叙述，后来，腓拉库斯［Phylarchus］续写了该段历史。我们可以把他的两个残篇（frs. 2 and 9 Jacoby）作为关于凯尔特人民族志的记载，其中一篇是关于凯尔特人的节日［potlatch］的夸张故事。但像斯特拉波那样严肃的研究凯尔特世界的古代学者，从来没有提到上述历史学家。如果我们读过现存有关公元前278年凯尔特人入侵的详尽叙述（保存在波桑尼阿斯的第10卷中），就知道原因了。人们早就发现，波桑尼阿斯的资料最终来自公元前3世纪一位史学家关于凯尔特人入侵的叙述，但为其披上了希罗多德式的外衣，而且增加了某些自己的评论（O. Regenbogen, P.-W., s.v. Pausanias, Suppl. VIII, 1076）。波桑尼阿斯的评论之一是：战斗开始前，凯尔特人既不利用希腊人的占卜师，也未根据民族习惯奉献牺牲——正如波桑尼阿斯尖锐指出的（10. 21. 1），如果真的有凯尔特人的神圣仪式的话。波桑尼阿斯的记载暗示，他关于凯尔特人宗教艺术的资料——它们得到了波斯多尼乌斯和其

64

他权威的肯定——没有任何类似的记载。对这些著名学者的批判，明显让波桑尼阿斯感到快乐。可是，如果反过来这些专家们拒绝认真对待波桑尼阿斯一类作家所做的不够精到的叙述的话，我们也不会惊奇。实际上，波桑尼阿斯向我们表明，公元前3世纪有关凯尔特人战争的叙述，看起来倒像是凯尔特研究中的前科学时代了。与凯尔特人的直接接触似乎仅限于囚犯和雇佣兵，对民族志研究来说，这是糟糕的主题。

III

罗马人也经历了同样的激情。在两百年的时间里，他们面对着凯尔特人的攻击。公元前225年，当在特拉蒙战役中取得对高卢人的决定性胜利后，他们在原址上修建了一座神庙来纪念这次胜利，凯尔特人的面貌，好像是攻打底比斯的七雄的近代版本。高卢人的叛乱（tumultus gallicus）是公认的紧急情况，被写入罗马人的法律之中。公元前44年，在赐予西班牙朱利亚家族殖民地（colonia Genetiva Julia）的宪章中，仍然提到了全民动员抵抗高卢人的事情。而在当时，如果它不是暗指恺撒最近的战争，可以想象，那就是一种纯粹的博古爱好而已。但自公元前3世纪初以来，罗马人已经开始执行占领高卢人领土的政策。最初，占领和消灭凯尔特人部落是同义词（至少对亚得里亚海岸的塞诺涅人［the Senones］和亚平宁山北部的波伊人［Boii］来说如此）。可是，罗马人慢慢学会了统治凯尔特人，当公元前197年罗马人把西班牙组织成两个行省时，这一点甚至成了他们更加紧迫的义务。在 300 年的时间里，罗马人除了忙于其他众多的事业，还在稳步地从事着吞并领土的工作，这些领土有些部分是，有些则全部是凯尔特人的土地，最后，他们终于控制了说凯尔特语的世界的大部分。对于他们试图控制和征服的凯尔特人社会的特殊性，他们也产生了兴趣。

作为一个年轻人，监察官加图曾参加在美陶鲁斯河的战斗。在那里，哈斯德鲁巴［Hasdrubal］一直得到高卢军队的强劲支持。加图是在那样一个时候开始其政治生涯的：当时布里夏的塞诺曼尼人响应在意大利的最后一位迦太基将军哈米尔卡［Hamilcar］的号召，掀起了暴动。公元前 195 年，加图作为执政官，为罗马对西班牙的管理奠定了基础。他做了有关坎塔布里安人风俗的报道（fr. 94 Peter）。对于意大利和行省中被征服的人口，加图有着本能的兴趣，或许还有某些尊重。他精心观察过凯尔特人，好像是第一个发现他们睿智的人："大多数高卢人都热衷于两件事：军事和机智谈话的艺术。［pleraque Gallia duas res industriosissime persequitur, rem militarem et argute loqui（fr. 34 Peter）］"一位杰出的凯尔特学者建议把 argute loqui 校改成 agriculturam，这应当是所有文献中最无争议的校改［G. Dottin, *Mélanges L. Havet*（1909）, 119］。在加图的《起源论》（*Origines*）中，凯尔特人占有重要地位。他试图弄清有关的人名和地名；他发现，在马赛利亚北部不远的弗尔卡人［the Volcae］中，有危险的塞诺曼尼人的一个分支；他可能还是第一个把高卢人包括在意大利史中的人，尽管可以肯定，曾经在公元前 225 年与高卢人战斗过的费边·皮克托已经报道过他们的某些特点。加图的榜样具有决定性意义，他还活着时，罗马统治阶级已经决心付出更大努力，更好地了解凯尔特人。从年深日久的接触中，自然可以学到许多东西。但地理知识是希腊人的。如果罗马人希望系统了解凯尔特人的领土和制度，他们必须借助于希腊学者。在奥古斯都或者提比略［Tiberius］统治下，斯特拉波仍把下述结论作为明确的事实来陈述：在研究了解很少的国家时，"罗马作家是希腊人的模仿者，而且他们不可能把模仿推进得很远，因为他们所叙述的，不过是从希腊人那里翻译过来的"（3. 4. 19）。希腊人努力工作，去描述西班牙和高卢的凯尔特世界，从而服务于罗马的扩张。在凯尔特人劫掠希腊和小亚细亚时他们没有做的事情，后来为了罗马人的利益，他们做了。在绘制被征服地区的地图这样日常的工作中，可能有希腊的技术人员帮忙。人们也许会想到，"地形学家"德米特里乌斯［Demetrius 'the topographer'］，那个把托勒密六世［Ptolemy Philometor］扶上王位的人，当他作为乞援人前往罗马时，可能就是靠这个技术维持危险的生计（Diodor. 31. 18）。但是，罗马人真正需要希腊人做的，是对外部领土的总体描述和解释。对于民族志，他们缺少兴趣。

他们可以利用波里比阿。即使是加图，也不能掩藏他对波里比阿抱怨式的同情。波里比阿曾在罗马支持下的凯尔特人的领土上旅行过，而且是在罗马的帮助和保护下进行

的。有关的细节，我们根本不清楚。公元前 151 年和公元前
134 年，他可能和西庇阿·埃米里亚努斯一起，去过两次西
班牙。在第一次旅行中，他肯定访问过包括马赛利亚在内的
今法国南部（Polyb. 3. 59. 7）。在这两次旅行之间，西庇阿给
他提供船队，让他探航非洲海岸（Plin. *N.H.* 5. 9–10）。在这
次海上航行中，帕奈提奥斯陪伴着他，也不是没有可能。根
据《赫库兰尼乌姆的斯多葛派书目》一段非常不完整且可疑
的记载，当时帕奈提奥斯在大体相同的一段时间里，明显正
陪着西庇阿进行海上航行（col. 56，ed. Traversa p. 78）。波
里比阿是第一个对西班牙内地进行第一手报道的人，他描述
高卢的方式——至少是描述高卢南部的方式——对希腊公众
来说，是新奇的（3. 59. 7）。我们可以看到，在其历史的第
3 卷有关汉尼拔在高卢的章节中，他怎样地利用了有关的知
识。但是，总结其发现的第 24 卷失传了。在第 12 卷中，他
声称自己与蒂迈欧相反，曾费心访问了利古里亚人和高卢人
的领土，所以他是忠于事实的。但至少在第 3 卷和第 12 卷
中，他没有提到，自己的访问之所以可能，是因为有罗马
人，并且是对罗马人有利的。加图曾从一个现实主义者的角
度鼓励罗马人去做希腊人以前没有做过的事情：在他们自己
的土地上研究凯尔特人。现在我们看到，罗马的领袖阶层是
如何接受他的建议，并雇佣希腊人替他们完成这件工作的。

　　我们无法确定，大约在这个时间里，即公元前 150 年前
后，写出了关于高卢著作的埃拉托斯梯尼（*F. Gr. H.* no.745
Jacoby）是否也曾受到罗马人鼓励。伪普鲁塔克在《论江河》

（*De fluviis*）的第 6 卷第 1 节中（ = Jacoby，no. 291，5）引用年轻的卡利斯提尼斯［Callisthenes］的一段话作为在高卢问题上的权威论证。据说他出生于意大利南部，也就是罗马人控制下的领土。但像伪普鲁塔克引用过的许多其他作家一样，他也从来不曾存在过。对于以弗所的阿特米多罗斯［Artemidorus of Ephesus］和罗德斯的波斯多尼乌斯，我们比较肯定。斯特拉波认为，他们是他关于西班牙和高卢最权威的资料来源。两人都曾作为本邦使者出使罗马，也就是说，对罗马的统治阶级来说，他们是可以接受的。在庞培对波斯多尼乌斯在罗德斯的家的著名访问中，他清楚地表明，罗马的权力必须在希腊哲学面前低头，他们肯定没什么可害怕的。明显的事实是，正是依靠罗马官方的支持，阿特米多罗斯和波斯多尼乌斯可以在西班牙和高卢旅行。无论如何，事实是罗马人肯定从他们的观察中得到了好处。阿特米多罗斯写作的时间早于波斯多尼乌斯，因为后者偶尔会表示不赞成前者的意见，所以他很可能是在公元前 100 年前后旅行的。在有关西班牙地理的问题上，阿特米多罗斯似乎做了特别有用的工作，他从罗马对那里一个世纪的管辖中得到了优势。但是，关于西班牙（Strabo 3.4.17）和高卢（4.4.6）的民族志学，他都发表了意见，而且似乎为波斯多尼乌斯更为全面的考察铺平了道路。

无论我们私下里如何看待近代关于波斯多尼乌斯的研究，其中一个最具永久性的成果，是恢复了波斯多尼乌斯关于凯尔特人的论述。阿特纳奥斯作品中给人深刻印象的几段逐字逐句的引用，以及斯特拉波的参考，是这一工作的起点。包含对同一基本文献进行转述的迪奥多罗斯第 5 卷的发现，让我们对波斯多尼乌斯的作品有了全然不同的认识。此后，我们更容易发现斯特拉波本人的记载在很大程度上依靠波斯多尼乌斯，而且恺撒《高卢战记》(*Bellum Gallicum*) 有关民族志的插叙，肯定也利用过波斯多尼乌斯的作品。

在很长时间里，由于阿尔弗雷德·克劳兹 [Alfred Klotz] 的理论，斯特拉波对波斯多尼乌斯的依赖一直被忽视 (*Caesarstudien*，1910)。克劳兹认为，斯特拉波只是通过比其年长的同时代人提马格尼斯 [Timagenes]，间接利用过波斯多尼乌斯的作品。即使是第一眼，人们也能发现，这一看法不大站得住脚。斯特拉波只是在一个地方引用过提马格尼斯 (4.1.13)，说在让凯皮欧 [Caepio] 的生涯彻底完蛋的图卢兹的黄金 [aurum tolosanum] 问题上，提马格尼斯是正确的，而波斯多尼乌斯弄错了。从这一段中，我们很难推断出，在凯尔特人问题上，斯特拉波相信提马格尼斯，并且从来没有直接利用过波斯多尼乌斯——那个直接或者间接是自己老师的人——的原始文献。如果他没有抄袭过提马格尼斯，那就不应怀疑他抄袭过波斯多尼乌斯。他熟悉恺撒和奥古斯都时代的许多文献资料，甚至援引过 (4.1.1) 恺撒的《战记》(*Commentarii*)。他对西班牙和高卢罗马化所做的正面评价，更进一步说明他没有抄袭最近的编辑拉塞尔 [F. Lasserre] 所想象的奥古斯都的颂歌，因为斯特拉波本人就是奥古斯都的一个辩护者。虽然说了这么多，但事实仍然是，斯特拉波从来没有到过伊达拉里亚的波普罗尼亚以北的地区，几乎不懂拉丁语，因此在关于凯尔特人国家的叙述中，他只能依靠已有的希腊文献资料。对我们来说幸运的是，他选择了波斯多尼乌斯作为主要资料来源。

波斯多尼乌斯写过一部关于大洋的专著，但他关于凯尔特人的著述主要见于他有关约公元前 146 年至前 80 年的历史著作，以及他关于庞培战争的著作。他所以写历史，是因为罗马在西班牙和高卢的进展，他充分意识到了新的现实。即使他为我们描述的似乎是凯尔特社会的静态画面，就好像还没有注意到罗马人的影响似的，但他肯定清楚他正在做的工作。当波斯多尼乌斯发现变化时，他是能够识别的。他有关凯尔特人的方法是刻意为之：他要保存那个面临消失危险的世界的画面。至少有一次，他几乎把这句话说出来了——在关于罗维里乌斯［Lovernius］的历史中。关于这一点，我后面再谈。

古代民族志没有给语言留下多少空间，因为比较语文学当时还没有被发明出来，所以定义种族要依靠共同的族源和共同的制度。波斯多尼乌斯并非民族志新方法的发明者，但在描述时，他非常系统，而且对重要的细节有罕见的天赋。他喜爱凯尔特社会分层化的结构，既因为它们是分层的，同时还因为它们是放纵的。他本人生活于其中的罗德斯的贵族商人也有分层，但并不放纵。波斯多尼乌斯抱着欣赏的心情，描述那些严格层级化的凯尔特人宴会，以及宴会上为了诸如一块最好的肉之类微小的荣誉而发生的相互挑战乃至致命决斗。他以神往的心情，想象着大队随从所唱的关于他们保护人的赞美歌曲。这让凯尔特人的酋长快乐，就好像举行过盛大宴会的罗维里乌斯，"当他最后确定了结束宴会的日子时，一个来得太迟的诗人遇到了罗维里乌斯，创作了一首诗歌，来歌颂他的伟大，并为自己的迟到伤心。罗维里乌斯非常高兴，要来一袋金子，抛向那个在他战车边奔跑的诗人。诗人拾起金子，又吟颂了另一首歌……"（Athenaeus 4.37, p. 152）天哪，可惜没有机会出现另一个罗维里乌斯！波斯多尼乌斯无意中点出，他是那个"被罗马人赶下王位的毕提斯［Bituis］的父亲"。波斯多尼乌斯承认，最初，他对钉在凯尔特贵族房门外的人头感到困扰，但是，后来他"逐渐习惯了，能够平静地接受它了"（Strabo 4.4.5）。

正是波斯多尼乌斯界定了凯尔特社会中德鲁伊德祭司、智者（vates）以及吟游诗人的地位。所有后来的传统，本质上都依赖于他的资料。在这里，他再一次提到了希腊人寻 ⁷⁰ 找蛮族哲学家和预言家的悠久传统。但是，他对德鲁伊德祭司、智者和吟游诗人的同情，暗示了凯尔特人世界真正承认这些人的作用。对波斯多尼乌斯来说，德鲁伊德祭司比其他两个阶层更加重要，因为他们提供了领导权、道德和宗教观念，以及司法。如塞涅卡［Seneca］所说，当"波斯多尼乌斯指出，统治权归智者所有［penes sapientes fuisse regnum Posidonius indicat］（*Ep.* 90）"时，他们保留着某些黄金时代的东西。当我们在斯特拉波的作品中——可以肯定来自波斯多尼乌斯——读到，德鲁伊德祭司"宣布：人类和宇宙的灵魂不可毁灭，尽管火或者水有时会取得暂时的胜利"
（4.4.4）时，我们自然怀疑，波斯多尼乌斯是把通行的斯
多葛理论归之于德鲁伊德祭司了。可是，事情不是那么简
单。波斯多尼乌斯需要对人们对来世的强烈信仰做出解释。
从独立的资料中，我们知道，在他那个时代，凯尔特人中
存在过此类信仰。此外，甚至在波斯多尼乌斯之前，德鲁
伊德祭司可能已经在马赛利亚或者通过口头，或者通过实
际购买希腊书籍的途径，听到过希腊哲学家关于不朽的理
论。他们关心学习。如果我们可以相信西塞罗的《论神性》
的第 1 卷第 90 节，他的朋友、德鲁伊德祭司迪维提阿库斯
［Divitiacus］曾用彻头彻尾的波斯多尼乌斯风格回答："他宣
称他知道被希腊人称为 φυσιολογίαν 的自然规律［et naturae
rationem quam φυσιολογίαν Graeci appellant，notam esse sibi
profitebatur］。"也许迪维提阿库斯读过波斯多尼乌斯的作品，
或者说其他某个人给他读过波斯多尼乌斯的作品，因为我们
必须记住，迪维提阿库斯好像并没有充分掌握希腊语或者拉
丁语。在他弟弟多蒙诺里克斯［Dumnorix］的问题上，恺撒
与他举行过正式会谈，当时恺撒使用了翻译（*B.G.* 1. 19）。

　　然而，在波斯多尼乌斯的凯尔特社会图景中，德鲁伊
德教仅占一小部分，所以我们必须提出这样的画面给他的同
时代人什么印象的问题。对希腊读者来说，唯一可以确定的
事实是：他的名气非常大，大得有人要抄袭他的作品，或者
像他的同时代人的后辈迪奥多罗斯那样，摘要叙述他的作
品。但在苏拉扫荡了雅典、庞培消灭了塞琉古国家后，波斯

多尼乌斯主张的那种安静思考式的世界史，很可能仅限于罗德斯本地或者迪奥多罗斯的出生地西西里的阿盖里乌姆等那样的偏远行省之地了。

拉丁姆的反应更加明显可辨，其中包括了解波斯多尼乌斯的西塞罗，他在这个问题上保持了沉默。约公元前69年，在《为丰特乌斯辩护》[*Pro Fonteio*] 的演说中，西塞罗抨击了高卢人，原因是他的客户丰特乌斯 [Fonteius] 受到了他们的控告。即使我们认为波斯多尼乌斯的历史大约公元前69年时已经出版（这一点无法确定），他也无须到波斯多尼乌斯那里寻找现成的民族志材料。后来，就我们所知，西塞罗再没有涉及凯尔特人社会的主题，甚至在他为恺撒发表的《论执政官治理下的行省》(*De provinciis consularibus*) 中，也是如此。在关于西塞罗政治思想（此类书实在非常之多）的著作中，我们至少可以注意到，他关于行省居民的观念极端模糊，就高卢来说，他的知识简直让人齿冷。瓦罗研究过凯尔特人。对圣哲罗姆来说，他好像是有关凯尔特人的权威（ *P.L.* 26. 353），而波斯多尼乌斯当然是他的基础。也许是得到瓦罗鼓励的缘故，恺撒随身的旅行袋中有波斯多尼乌斯的书。《高卢战记》中关于民族志的多处记载，在内容和风格上都与保存在斯特拉波和迪奥多罗斯作品中的波斯多尼乌斯部分相像，而今天仅有很少几个人会认为它们是后人插入的。请注意，除第6卷第11—28章中有关民族志的离题插叙外，恺撒从来没有提到德鲁伊德祭司。在他进行的战斗中，他没有遇到过德鲁伊德祭司，但在他的文献资料中确实是有的——不管我们怎么解释他们在战场上的消失。

当战争临近结束、恺撒撰写他的民族志之时，他能够把自己的观察与他在文献中得到的记载融合起来了。任何区分新旧战记的努力注定都是无用功，但从其一般线索来说，他描绘的凯尔特社会与波斯多尼乌斯吻合。像波斯多尼乌斯一样，他强调凯尔特人内部的派性和争斗，以及他们决定的多变性。迈凯尔·兰博特［Michel Rambaud］把恺撒提到的"好乱成性、轻举妄动"［mobilitas et levitas animi（2. 1. 3）］，"高卢人采取行动一向是很匆促、很突然的"［the Gallorum subita et repentina consilia（3. 8. 3）］，"高卢人的反复无常"［the Gallorum infirmitas］（4. 13. 3）等词句的部分汇集起来，作为"歪曲历史"的典型例证［*La déformation historique dans les Commentaires de César*］（Paris，1953，326）。如果说它是歪曲的话，那么波斯多尼乌斯已经预示了。恺撒从他那里得到的，不仅有珍贵的关于地理和制度的史实，而且有对凯尔特社会的弱点所做的令人鼓舞的分析。

可以肯定的是，作为庞培的朋友和被保护人，波斯多尼乌斯居然通过自己的历史著作，帮助恺撒征服了高卢，因此也就消灭了恺撒的对手，真是一个悖论。

如我们尝试指出的，罗马的领袖们对希腊民族志知识的利用开始得要早得多。遗憾的是，凯尔特人被希腊人忽视了。当他们入侵希腊人的领土时，激情湮没了分析，对凯尔特人的系统研究，是由罗马霸权时代的希腊人进行的，而且得到了罗马人的鼓励。现在我们能够看到后果了。有关人员如波里比阿、阿特米多罗斯、波斯多尼乌斯等的重要性，与其奖赏的规模是相配的，正是通过征服凯尔特人——意大利的、高卢的、西班牙的、不列颠的、多瑙河地区的，罗马帝国才把自己作为一个世界霸主稳固下来。同样也是在凯尔特人国家中，罗马化庆祝了其最血腥的胜利。凯尔特文明被消灭，或者被排挤入地下状态。

公元 4 世纪，在怀乡病式的高卢贵族中，在《奥古斯都史》（*Scriptores Historiae Augustae*）不负责任的想象中，德鲁伊德祭司再度出现了。但需要注意的是，过去的文献中从未出现的女性德鲁伊德祭司，在后来的幻境中占了主导地位。所有这些也许不仅仅是怀旧。在朱利安［Julian］的军队中，最精锐的一支被命名为凯尔特人［Celtae］（Ammianus 20.4.2），朱利安本人也宣称，如果一个凯尔特或者加拉太士兵竟然背向敌人逃跑，那是任何人都难以想象的（*Orat.* I, *Paneg. Const.* 36B）。克劳狄安［Claudian］重复了这种论调（*Bell. Gild.* 1.431）："众所周知，对待高卢人，只能以理服之，不能以力克之。［Sitque palam Gallos causa, non robore vinci.］" 5 世纪的人民起义，尤其是阿摩利卡人的起义（Zosim. 6.5.3），让我们可以看到凯尔特人的自我意识。在凯尔特人内心深处，仍然潜伏着那种提醒罗马人注意其傲慢的愿望，在《马宾诺吉昂》（*Mabinogion*）的《麦克森·威勒狄格之梦》（the Dream of Macsen Wledig）即皇帝马克西姆斯［Maximus］的梦中，它得到了最好的表达。如各位都知道的，皇帝马克西姆斯在与不列颠公主艾伦［Elen］结婚后，仍然在这个岛上停留了 7 年，因此，他失去了返回罗马的权利。人们选举了一个新皇帝。马克西姆斯试图重新征服罗马，但遭到失败，不得不请求他的不列颠妻兄帮忙。不列颠人注意到，"每天中午，两个（敌对的）皇帝都会搬出肉食，双方因此都会停止战斗，直到把饭吃完。但不列颠岛上的人则是在早晨吃肉，喝酒，直到他们精神饱满。于是，当两个皇帝正在吃肉时，不列颠人接近了军营的围墙，把梯子靠了上去"（transl. Gwyn and Thomas Jones，Everyman，p. 86）。随后的事情就简单了。在这里，一个凯尔特人作家首次宣布，不列颠的早餐比拉丁人的午宴（siesta）优越。

4　希腊化世界对犹太教的发现

I

希腊人也许是第一个研究外国人特性的民族。最初，⁷⁴
他们是作为商人和殖民者搜集资料，但到公元前6世纪末，
他们已经开始撰写民族志和地理学著作，以满足他们的探索
欲望，如他们所称呼的，为了历史（historia）。希罗多德向
我们表明，他们探索的范围扩展到了希腊人从来没有访问
过的地区（4.25）。另一方面，我们注意到，对于可以达到、
实际上完全在他们经济和文化影响下的某些国家，希腊人远
不像我们期待的那么好奇。尽管他们早在公元前7世纪末就
建立了重要的马赛利亚殖民地，但对凯尔特人地区和文明
的兴趣，只是在公元前4世纪才明显起来。更加矛盾的现象
是，马赛利亚人的杰出儿子皮特亚斯，那个发现了欧洲北部
的人，竟然从来没有到今法国内地旅行过。公元前4世纪和
前3世纪的历史学家埃福鲁斯和蒂迈欧是第一批搜集关于高
卢和西班牙资料的人，但他们好像也从来没有访问过这些
国家。

要深入到各国的内陆，对古代旅行家来说，并非易事。

93

因此，我们不能指望巴勒斯坦港口的希腊访问者，为了满足观察犹太人节日的兴趣而前往耶路撒冷。但是，某些类型的希腊人和巴勒斯坦人的贸易关系从迈锡尼时代就开始了；希腊雇佣兵是另一个接触点。

大卫〔David〕王可能使用过克里特雇佣兵（《撒母耳记》下，20. 23；《列王纪》上，1. 38），可以设想，他们是说希腊语的。约公元前 840 年，约阿施〔Joash〕被卡瑞亚或者是克里特雇佣兵扶上了王位，根据这一看法，人们更倾向于《列王纪》下 2.4 的解释。到公元前 9 世纪和前 8 世纪，希腊的商人或者船队肯定在巴勒斯坦沿岸重新出现了。在撒马利亚，希腊陶器的年代早于该城被萨尔贡二世〔Sargon II〕摧毁的公元前 722 年。在特里波利斯和拉奥狄凯亚（拉塔基亚）之间的塔尔－苏卡斯，丹麦考古学家里斯〔P. J. Riis〕发现了一个希腊人定居点，其神庙似乎在公元前 7 世纪已经建立，约公元前 570 年得到重建。塔尔－苏卡斯的希腊人至少一直待到公元前 500 年，并和不同信仰与民族的巴勒斯坦人进行贸易。在普萨美提科斯〔Psammetichus〕之子尼科〔Necho〕的埃及军队中，有希腊雇佣兵。据称普萨美提科斯于公元前 608 年在美吉多杀死了约阿施。据希罗多德，在尼科孙子阿普里斯〔Apries〕的军队中，有 3 万名希腊人。公元前 588 年，他试图缓解巴比伦对巴勒斯坦的压力（《耶利米书》，37. 5），可能加快了尼布甲尼撒〔Nebuchadnezzar〕公元前 586 年对耶路撒冷的总攻。有人甚至认为，犹太一个国王的军队中有希腊雇佣兵。由奈维〔J. Naveh〕在距犹太中部城市雅夫奈不远的美撒德－哈撒弗雅胡进行的发掘，得到了大量公元前 7 世纪末以后的希腊陶器。此地看起来像一座要塞，可能是由希腊雇佣兵而不是希腊商人占据的。当耶利米逃往埃及时，他去了塔潘西（《耶利米书》，43. 7；44. 1），此地以答比匿之名为希腊世界所知，所以，可能已经由希腊雇佣兵驻守。稍晚一点时间，在国王阿马西斯〔Amasis〕（公元前 570—前 526）时期，这里肯定如此。人们不由想象，在埃及人的领土上，耶利米得到了希腊士兵的接待。

流亡没有消灭接触。在耶路撒冷通向希布伦道路上的拜特－祖尔发现的希腊陶器，表明公元前 5 世纪前期的贸易仍然兴隆，恩加狄的阿提卡陶片主要属于公元前 5 世纪后期和公元前 4 世纪早期。从演说家伊赛欧斯〔Isaeus〕那里我们知道，约公元前 370 年，雅典一个雇佣兵在阿科聚集了两塔兰特的财富（4. 7）。犹太最早的铸币模仿的是希腊，服务于与希腊人的贸易。我们不知道哪一个机构会为这些铸币负责。我们还应记住，一片约公元前 402 年、属于埃及厄列丰提纳的犹太人殖民地的纸草文献上提到了雅完〔Yavan〕、也就是希腊的钱（*Brooklyn Pap.* 12）。

在美索不达米亚和埃及，犹太人还有其他与希腊人接触的机会。具有象征意义的是，在一篇巴比伦的文献上，有用油支付犹太国王之子约雅斤〔Jehoiakin〕和七名为巴比伦宫廷工作的希腊工匠工资的记载（*Ancient Near Eastern Texts*，2ed.，p. 308）。在埃及，土著和波斯的国王们不仅吸引了希腊和卡瑞亚的雇佣兵，而且还有犹太人的。我们不知道厄列丰提纳的军事殖民地起源于何时，但那封署名阿里斯提亚斯〔Aristeas〕的信件的作者，肯定是在某个地方得到了下述资料：在普萨美提科斯对埃塞俄比亚的战争中，犹太士兵曾帮助过他（13）。这里所说的普萨美提科斯是普萨美提科斯二世〔Psammetichus II〕。公元前589年，在希腊人、卡瑞亚人、腓尼基人的支持下，他发动了对努比亚的远征。这些士兵在下努比亚的阿布·西拜尔留下了他们著名的涂鸦。如果阿里斯提亚斯的信息是准确的，那么在同一场战役中，犹太士兵和希腊士兵曾并肩战斗。在阿布·西拜尔没有发现希伯来人的涂鸦，这并不足以使我们怀疑阿里斯提亚斯信件的真实性。最近发现的一篇纸草文献显示，公元前4世纪，希腊人已经知道类似所罗门审判的故事（*Pap. Oxy.* 2944），但没有迹象表明，这些故事来自《圣经》。

上述就是亚历山大大帝以前希腊人和犹太人之间接触的直接证据，我们所提出的问题也很明显：希腊人和犹太人怎样利用这些不同的相互接触和了解的机会？对希腊人来说，答案很简单。他们没有注意到犹太人的存在。在现存的希腊化时代以前的文献中，从来没有提到这个后来会对希腊人的智慧提出最激烈挑战的小民族。这一现象曾经让希腊化的犹太人感到不安，在阿里斯提亚斯的书信中，我们可以看到这一点。当弗拉维乌斯·约瑟福斯〔Flavius Josephus〕创作《反阿庇昂》时，他曾努力从希腊文献中搜罗有关犹太人的资料。在这场搜寻中，他无疑有许多先驱者，所得到的结果却可以忽略不计。约瑟福斯能够找到的最早的作家，是诗人乔里鲁斯［Choerilus］。乔里鲁斯是希罗多德的同时代人，曾提到在索里米山居住着一群说腓尼基语的战士。遗憾的是，乔里鲁斯归之于这些人的剃发制度，是摩西律法在犹太人中明令禁止的（《利未记》，19. 27）。实际上可以肯定，乔里鲁斯所说的是东埃塞俄比亚人，而且是把荷马（*Odys.* 5. 283）、希罗多德（7. 79；7. 89 可能还有 3. 8）的几个片段合成后，形成了他虚构的画面。当希罗多德提到叙利亚人和巴勒斯坦的腓尼基人时，他也不一定是指犹太人。希罗多德承认，他们从埃及人那里学来了割包皮的做法。

那些试图模仿约瑟福斯、希望在亚历山大以前的希腊文献中找到有关犹太人记载的近现代学者，运气没好到哪里去。曾经有人认为，阿尔凯欧斯［Alcaeus］的一条残篇（50 Diehl = 27 Lobel-Page）暗示：在尼布甲尼撒两次围攻耶路撒冷时，有一次阿尔凯欧斯的兄弟安提迈尼德斯［Antimenides］在场，并与一个犹太巨人作战。但是，那个提出，或者应该说再度提出这一猜想的卢里亚［S. Luria］［*Acta Antiqua* 8（1960），265–6］需要假设阿尔凯欧斯把耶路撒冷称为希罗叙利马［Hierosylyma］，而不是希罗索利马［Hierosolyma］，而他为此假设提出的唯一一史料，是由约瑟福斯（*c. Apionem* 1，311）引用的、一个有浓厚反犹色彩的词源学笑话。根据这个笑话，希罗索利马一词来自希罗叙罗斯（hierosylos）——神庙抢劫者。毫无疑问的是，安提迈尼德斯曾为巴比伦人在巴勒斯坦战斗过，但是，他的兄弟阿尔凯欧斯对他具体与谁作战，并无专门点明的兴趣。另一篇间接提到犹太道德规范的文献被归于弗库里德斯［Phocylides］，但它早就被确定为希腊化时代犹太人的伪造。弗朗兹·多恩塞弗［Franz Dornseiff］是一个在困难时期证明过自己勇气和独立性的德国学者，他曾努力说服我们相信，这篇文献真的是公元前 6 世纪的希腊诗歌。他还试图证明，由弗提乌归到米利都的赫卡泰俄斯名下的、对犹太人的长篇描写，确实是这个公元前 6 世纪后期的作家的作品，而非一般人承认的，是那个生活在亚历山大以后的、阿布德拉的小赫卡泰俄斯写的。在这两个例证中，多恩塞弗都缺乏说服力。归于弗库里德斯和米利都的赫卡泰俄斯的这些文献，至少是两个世纪后的作品，所不同者，"弗库里德斯"掩盖的是伪造，而"米利都的赫卡泰俄斯"则是归错了对象，不过是笔误而已。到目前为止，还没有任何材料证明下述结论是错误的：古典时代的希腊人甚至不知道犹太人的名称。

总之，古典时代的希腊人快乐地生活着，并没有意识到犹太人的存在。至于《圣经》时代的犹太人，当然是知道雅完人［Yavan］的，这个词泛指所有的希腊人，而不是专指伊奥尼亚人。当雅完人的界定更加精确时，如我们在诺亚［Noah］的世系中看到的，雅完是以利沙［Elisah］、他施［Tarsis］、基提［Kittim］、多端［Dodanim］之父，也就是说，他可能是塞浦路斯的阿拉西亚［Alashiya］和基提昂［Kitium］，以及罗德斯和塔索斯［Tarsus］而非塔尔特索斯［Tartessus］的父亲。没有任何迹象表明，雅完的名字和雅典、斯巴达、底比斯，甚至米利都和以弗所有关系。《创世记》第十章的民族志部分几乎不可能早于公元前 7 世纪，不久后，当以西结［Ezechiel］或者他的门徒哀悼推罗时，雅完被包括在内（27. 13–19）。这里出现的雅完是一个和推罗进行贸易的商人，奴隶是他贩卖的商品之一。以西结把希腊人作为商人对待的做法，在约珥［Joel］那里得以延续，他控告推罗和西顿，以及"所有巴勒斯坦海岸的居民"——意思是腓力斯丁人，指责他们和雅完进行贸易，而且"把犹太人和耶路撒冷人"卖给雅完人（3. 6）。《约珥书》，或者至少《约珥书》的这一部分是否属于流放后的时期，是一个聚讼纷纭的问题。在《以赛亚书》的最后一章即 66. 19 中，在罗列上帝将向之显示光荣的民族中，提到了雅完人。这可能是公元前 6 世纪末的文献。最后，在《撒迦利亚书》的 9. 13 关于弥赛亚的应许中，雅完也出现了："锡安哪，我要激发你的众子，攻击雅完的众子。"尽管我不认同它属于马卡比时代，但这一段明显属于亚历山大以后的时期。《圣经》文献中提到雅完的有限几处，而且可能属于公元前 336 年以前的，只是把希腊人作为商人，或者是更加类别化的世界民族称呼。犹太人的确知道希腊人，但他们好像是一个相当遥远而且不重要的民族。在《圣经》中希腊化时代以前的部分，没有任何观念可以说是受到了希腊人的影响，实际上，连一个确定的希腊语词都没有。《圣经》中出现的确定的第一批希腊语词汇是在《但以理书》（3. 5）中，从目前保存下来的词语看，属于公元前 3 世纪到前 2 世纪。更加可能的是，在科勒特的作品（《传道书》，2.5）中，表示波斯的 pardes 一词被用来表达果树的意思，是由希腊人以 παράδεισος 的形式传给犹太人的。但科勒特可能也属于希腊化时代。

如果从《圣经》转向耶路撒冷考古博物馆那些我们非常熟悉的、波斯时期的印章和青铜器，情形并无实质性的变化。在那里，我们会遇到雅典娜［Athena］、赫拉克列斯［Heracles］、萨提尔以及其他希腊神灵。我们不清楚谁是它们的主人，也不知道这些器物对于主人的意义，那些在画室里摆有佛陀像的人，并不必然是佛教徒。确实，也没有任何迹象表明，在亚历山大大帝之前，曾有任何犹太人崇拜希腊的某位神灵。这一点很有趣，因为我们知道，即使是在流放后的时期，出于各种实际的需要，相当比例的犹太人是崇奉多神教的。在耶路撒冷第二圣殿期，虽然纯粹的一神教在耶路撒冷已经牢固确立，但在其他地区仍然脆弱。在流放期间及之后的时期，《以西结书》（33.23）、《以赛亚三书》（57.1–10；65.11–12），以及《撒迦利亚二书》（10.2；13.2）都诅咒了对偶像的崇拜，对儿童的杀戮，以及仪式化的迷信行为。在公元前 5 世纪巴比伦的摩阿书［Murashu］文书中，同一个家庭里的犹太人姓名和起源于巴比伦神的名字明明白白地交替出现。在埃及的厄列丰提纳殖民地，殖民者一方面遵守着逾越节和安息日，同时又忠诚于埃什姆伯特尔［Eshembethel］和阿那斯伯特尔［Anathbethel］。对于这一点，我已故的同事和朋友翁贝托·卡索托［Umberto Cassuto］觉得无法解释。公元前 5 世纪，当犹太人的多神崇拜正在衰落之际，在这些文献中却没有出现希腊人的神灵，需要我们注意。

还有一份文献向解释者提出了挑战。我所说的当然是现藏不列颠博物馆的一枚铸币上的神秘人物。铸币属于波斯时期，铸有铭文"犹地亚"（Judaea，YHD），在一座带翼的王座上或者是战车上，有一个人像，显然正面向一个酒神式面具〔B. Kanael，*The Biblical Archaeologist* 26（1963），40 and fig. 2〕。这就有点奇特了，而且一点不让人吃惊的是，有人竟然想到了以西结的神秘战车。我确信，就讨论以西结战车〔ma'ase merkava〕来说，在座各位都能达到犹太法师的水平，也就是说，相当聪明，能够通过自己的智慧推导出知识来，但我这里不是要各位陷于这项工程。所有波斯时期的其他犹太铸币都有非犹太人标志，我们没有特殊的理由相信，这块铸币会有犹太标志。如我已经指出的，我们并不知道，是哪个权力机构发行了这些铸币。

亚历山大大帝以前，犹太人对希腊人的了解，比希腊人对犹太人的了解稍多，因为希腊人毕竟在巴勒斯坦进行过贸易，但显然没有犹太人在希腊进行贸易。这种差别虽然没有达到让犹太人吸纳任何希腊文化的程度，但公元前5世纪到前4世纪犹太的发展，在许多方面仍然有可与同时代希腊的发展进行比较之处。希腊人和犹太人都生活在波斯帝国的边远地区，如果和希腊的事件进行比较，我们会从尼希米〔Nehemiah〕的作品得到最清楚的解释。用政治术语来说，像波斯政府强加给希腊城邦的希斯提埃伊欧斯（Histiaeus）

以及其他僭主一样，尼希米就是一个由波斯人强加给犹太人的僭主；像地米斯托克利［Themistocles］重建雅典城墙一样，尼希米重建了耶路撒冷；他对债务的豁免，明显与公元前6世纪到前5世纪希腊发生的事件有雷同之处；尼希米反对混合通婚的法律，与雅典伯里克利［Pericles］反对外族妻子的法律是同样的做法。甚至在犹太是新事物的尼希米的自传，在希腊也有开俄斯的伊安［Ion of Chios］的回忆录，两者实际上是同时的。比克曼［E. Bickerman］一度把《历代志》比附为希罗多德的作品。这种类比也许是错误的，但公元前4世纪的作者们改写《历代志》和把《列王纪》现代化时所用的方法提醒我们，公元前4世纪后期，埃福鲁斯和提奥庞普斯正在改写希罗多德和修昔底德的作品，并把它们现代化。人们还能推论出其他对应的发展，而且已经推导出了一些。《创世记》第十章列出的民族表，提醒我们注意阿那克西曼德［Anaximander］的地图；可能是流放时期作品的《约伯记》，常常被比附为埃斯库罗斯［Aeschylus］的《被缚的普罗米修斯》。

人们可以猜想，为什么希腊人和犹太人有那么多共同之处，却似乎从未直接对话？原因之一实在太过明显：双方没有共同语言。希腊人属于仅使用一种语言的民族，犹太人虽然是双语民族，但他们的第二语言是阿拉美亚语，虽然阿拉美亚语使他们可以与波斯人、巴比伦人甚至埃及人交流，却不能和希腊人交流。然而，语言上的障碍从来就不是不可克服的。也许我们还得考虑偶然性的因素：希罗多德恰好从未访问过耶路撒冷，哪怕希罗多德只写下几行关于犹太人的记载，也足以让一大批《圣经》研究者参与讨论。我们也许必须承认，双方之间还有更深刻的障碍。在尼希米及其继承者的指导下，犹太人希望把自己与周围的民族分隔开来，他们信仰上帝和他的律法。出于同样的原因，希腊人相信自己的智慧和主动精神，特别富有攻击性，并且成为到处干扰波斯帝国和平生活的因素之一，可是，犹太教正是因为波斯才得以重建。尼希米和伯里克利后120年，希腊人和犹太人发现，他们都处在亚历山大大帝的统治之下。亚历山大是个说希腊语的马其顿人，自认为是波斯大王的继承者。

II

我们根本不知道，犹太人对于帕赛波里斯被大火烧毁的消息有怎样的反应。亚历山大从来没有到过耶路撒冷，但犹太传说却通过某种途径进入了有关亚历山大的传奇，深情地讲述了犹太大祭司和这位新的"王中之王"的邂逅。犹太传说还暗示，亚历山大曾经宣布，上帝和他建立的新城之冠——亚历山大里亚是合一的（Ps.-Callisth. 11，28，p. 84 Müller）。在基督教作家中流传着这么一个故事，亚历山大把尼希米的骨殖带入亚历山大里亚，好从城内赶走蛇和鳄鱼。这个故事大概也起源于犹太人（Suda，s. v. Ἀργόλαι）。这些传说至少证明，在巴勒斯坦，从波斯向马其顿统治的转变是顺利的。有关亚历山大的回忆，后来仍是犹太人能与其邻邦共享的民间传统之一。

亚历山大肯定为犹太人做了一件无法逆转的工作：他把他们中的多数人置于一个说希腊语，而不是阿拉美亚语的世界中。亚历山大死后，在20多年的时间里，巴勒斯坦一直是各方争夺的对象。公元前320年，继承权的争夺者之一托勒密可能利用安息日（Joseph. *Antiq.* 12. 5 and *c. Apion.* 1. 205；Appian. *Syr.* 50）占领了耶路撒冷。公元前301年到前198年，托勒密统治着巴勒斯坦。凭借征服者的权利，希腊–马其顿人的总督、士兵和商人开始在巴勒斯坦定居，哲学家和历史学家们考察了耶路撒冷。总体上看，他们感到满意。犹太教突然为人所知，而且变得令人尊敬。

波斯帝国的征服者们发现：了解并争取当地的居民（如果可能的话）是可取的做法。以前的那些统治者并不是在哪都受欢迎的。埃及人曾经多次成功发动起义反抗波斯人；巴比伦人也屡次发动起义。甚至在巴勒斯坦——那里一向认为波斯人是优秀的统治者，如果我们混乱的资料值得相信的话——也有麻烦发生（*c. Apion.* 1. 194；Syncellus 1，486A）。希腊–马其顿人试图表现得比其先驱者更有同情心，而且他们得到了当时的思想潮流的帮助。这股思潮发端于公元前4世纪的希腊，意识形态和行动之间的相互关系特别复杂。但柏拉图和毕达哥拉斯的哲学，已经奠定了希腊人理解和估价那种有着严格教阶制度的、实际上是祭司共同体的基础，哲学家–国王和祭司–国王之间的差距，也不是那么大。柏拉图主义者意识到了琐罗亚斯德的存在，历史学家提奥庞普斯提到过他，亚历山大的老师亚里士多德并不喜欢祭司，但他无所不包的科学好奇心，扩展到了东方的智慧。下面我们还会几次遇到亚里士多德派的人物。

因此，新的兴趣和同情并不是专门针对犹太人的。但是，其他的外族，如埃及人、波斯人、巴比伦人甚至是印度人，早在几百年前已为希腊人所知。关于他们，已经有大量以前的资料可资利用，现在则要对它们重新评估，并使其符合现在的实际。犹太人则是新来者，关于他们的一切都还需要学习。也许并不偶然的是，第一部广泛讨论犹太人的希腊语著作出自托勒密一世的顾问之手，而托勒密当时正为征服巴勒斯坦而战。阿布德拉的赫卡泰俄斯在一部关于埃及的作品中，有一个部分论及犹太人。这部书是他在公元前300年以前，可能是公元前315年在埃及写成的。赫卡泰俄斯把埃及人，尤其是他们的祭司阶层理想化了。虽然由迪奥多罗斯保存下来、后来为弗提乌援引的残篇，不允许我们知道有关犹太人的部分在他的书中的确切地位，但他是在关于埃及人的上下文中谈到犹太人的。根据赫卡泰俄斯的看法，犹太人是世界上众民族之一，其中包括著名的达那奥斯人和卡德摩斯人。在一次瘟疫中，他们被埃及人驱逐。摩西是一个在智慧和勇气方面都非常杰出的人物。他指导了这次迁移；建立了耶路撒冷；修建了神殿；将人民分成12个部落；确立了祭司制度，而且颁布了完全值得赞赏的法律。通过不准买卖土地，禁止抛弃儿童——那种在希腊人中常见的行为，他确保了较大数量的犹太人人口。他还颁布了像斯巴达那样严格的教育制度。斯巴达的参照系地位虽然明显，但是暗寓在叙述中。如果说摩西引入的那种生活方式不是那么社会化和敌视外人，在经历离开埃及的痛苦后，这种做法也可以理解。在叙述的末尾，赫卡泰俄斯注意到，按照众所周知的希腊民族志标准，在波斯和马其顿人统治下，犹太人已经改革了他们的风俗。赫卡泰俄斯不知道犹太人的大祭司制度，而且显然从来没有听说过希伯来人的国王。他的叙述中有一个让人迷惑的特征：他似乎听说过、至少是阅读过从希腊语转引的《摩西五经》。他声称，在《摩西律法》的最后有这样的话："在听到上帝的话语后，摩西把它们传达给了犹太人。"这让人想起《申命记》29.1。在希腊文的《旧约圣经》出现之前，《托拉》的某些部分已有译本，并非完全不可信。考虑到阿里斯托布鲁斯［Aristobulus］是公元前2世纪用希腊语写作的亚历山大里亚的犹太人（Eusebius, *Praep. Ev.* 13.12.1），这种情况是可能的。

85　　　大约公元前300年稍早或者稍晚的时候，亚里士多德最伟大的学生提奥弗拉斯图在进行有关虔敬的比较研究时，对犹太人的风俗发生了兴趣。1866年，雅各布·伯奈斯［Jacob Bernays］第一个注意到，在波菲利［Porphyry］的论文《论节制》（2.26）中引用的提奥弗拉斯图《论虔敬》的一个残篇，与犹太人有关。提奥弗拉斯图谈及犹太人时将其作为哲学家：他们现在已经抛弃了人牲；在斋戒与不停地讨论上帝时举行燔祭。此外，犹太人还在夜间观察星象，测量星星，而且在祷告时祈求它们。

　　　犹太人是哲学家的观念，在麦加斯梯尼［Megasthenes］

一部关于印度的著作中再度出现。约公元前292年，麦加斯梯尼是塞琉古一世［Seleucus I］派驻印度的使节，他报道了自己见到的那个国家的情况。他关于犹太人的观念是：犹太人与叙利亚人的关系，就好像婆罗门与印度人一样。这一观点后来得到支持（*F. Gr. H.* 715 F. 3 Jacoby）。亚里士多德的另一个门生——索利的克利阿库斯［Clearchus of Soli］——肯定读过麦加斯梯尼的作品，由此又进一步，认为犹太人实际上是印度哲学家的后代。他称这些哲学家为卡拉诺伊［Kalanoi］，而他们又是波斯袄教僧侣的后代（fr. 5–13 Wehrli）。在这样一个谱系树中，东方的智慧被统一起来了，而犹太人成了波斯智者的后代。克利阿库斯写过一篇关于睡眠的对话，其中他的老师亚里士多德成了主要发言人。在这篇对话里，亚里士多德报告了显然是虚构的他与一个犹太贤人的对话，而这个贤人是他在小亚细亚的某个地方遇到的。这个犹太人离开了犹太——其都城之名的发音颇为困难（他们称为伊路撒冷）——出海航行。他访问过许多地方，不仅在语言上，而且在骨子里都是一个希腊人。由于与如此众多的贤人谈过话，他有能力指导亚里士多德。至于他的智慧究竟是关于哪一方面的，对话没有直接告诉我们。但汉斯·卢伊［Hans Lewy］论证说［*Harv. Theol. Rev.* 31（1938），205–36］，它是关于催眠术实验的（克利阿库斯对话的标题《论睡眠》暗示了这一点）。这样的试验给理解人类灵魂的本质问题打上了烙印。由于路易·罗伯特［Louis Robert］最近发表的、对这篇不平常的铭文所做的令人敬佩的解说，我们如今对索利的克利阿库斯的了解更多了一点。在法国人对阿富汗的阿伊－卡努姆的发掘中，他们发现了一块铭文，上刻一系列德尔斐格言。铭文简短的导言宣称，是克利阿库斯从德尔斐把它们原封不动地抄过来，然后带到了巴克特里亚地区这个遥远的地方。我们几乎不用怀疑，罗伯特把这个克利阿库斯和亚里士多德的那个学生视为同一人是正确的［*C. R. Acad. Inscr.*（1968），416-57］。这就意味着：他游历广泛，并且探索过他感兴趣的东方。

整个图景是一贯的。在波斯帝国灭亡后的前30年或者40年中，希腊哲学家和历史学家发现了犹太人，并把犹太人既真实也虚构地描述成那种人们期待东方会产生的宗教智者。这些作者都是些重量级人物，也是负责任的人。他们肯定希望给希腊读者留下关于犹太人智慧的印象，同时可能也希望给犹太人留下这样的印象。但是，我们无法确定这些作品对犹太读者产生的直接影响，因为我们没有可以确信属于公元前300年前后的文献。但是，如果《传道书》中的科勒特是在公元前3世纪初进行写作，那么人们必须承认，至少作为犹太智者之一的他，还没有做好承担希腊人给他分配的角色的准备。无论人们怎么看待传道者——关于他，人们已经做了大量研究——他谴责的是传统智慧。他肯定是一个敬畏上帝的人，但他父辈的上帝高于他，不会和他在一起。这一点正好和斯宾诺莎［Spinosa］相反。对生活，他看不出有什么意义；对于希腊人喜欢归之于犹太智者的那种自信，他根本就没有。在社会的另一端，摩斯乔［Moschos］，那个

犹太人奴隶摩斯奇昂［Moschion］的儿子，已经在一个最不
可能的地方——比奥提亚的安菲阿拉奥斯［Amphiaraus］神
庙——出现。由于对自己获得解放的前景感到担心，奴隶摩
斯乔去那座庙里沉思了一夜，而且得了一梦。在梦中，神灵
安菲阿拉奥斯和希格伊亚［Hygieia］夫妇命令他把自己看
到的事物记下来，并在祭坛边树立一块石碑铭文。铭文肯定
与科勒特大体处于同一时代，也就是说，不晚于公元前250
年。"这个希腊化的犹太人"，戴维·刘易斯[1]［David Lewis］
这样称呼他［*Journ. Semit. Studies* 2（1957），264-6］，表明
他不过是一个受到惊吓的小生灵，而且已经被卖到遥远的
国度，成为奴隶。奴隶摩斯乔尚未忘记他是一个犹太人，但
是，他已经承认了他主人的神所具有的力量，并且根据它们
的命令行事。他也没有准备承担那个哲学家 – 祭司的角色。

III

科勒特和摩斯乔之后，世界变化很快，由希腊哲学家
描绘的、最初已经是一幅半乌托邦式的图景，很快就变得荒
谬了。

越来越多的希腊人和马其顿人进入巴勒斯坦。他们或
者是奉了王命，或者是自己的选择，都促进了当地居民的希
腊化。希腊的城市发展起来，在地中海沿岸和太巴列海[2]附

---

[1] 英国古典学家（1928—1994），研究希腊文献和铭文知识，著有《斯巴
达与波斯》《希腊国家的命令》等。
[2] 即加利利海，又称太巴列湖。

近尤其如此。其中的一些城市，如阿科、多尔、雅法、阿斯卡隆、加沙、培拉、费拉得尔菲亚、斯库提波里斯、撒马利亚等，本是古代的城市，现在风格上都有了变化，偶尔也有改名的，如对阿巴特－拉蒙来说，费拉得尔菲亚就是一个新名称；对比特－舍安来说，斯库提波里斯也是新名。希腊城市是要塞、市场和文化中心。在上加利利的退尔－阿那法，扫罗·魏因贝格［Saul Weinberg］的考察正在向我们展示公元前2世纪一个小型的希腊化城市在与腓尼基城市以及东地中海希腊世界交往时的形象。美尼波斯［Menippus］是科勒特的希腊同道，来自外约旦的加达拉。他是一个希腊化的人物，而不是希腊人。他的同胞－公民、格言作家墨勒阿格［Meleager］、伊壁鸠鲁主义者斐洛德莫斯［Philodemus］也是同样的情况。墨勒阿格有很强烈的犹太族源意识，他用三种

88 语言，从他想象的陵墓中和过路人打招呼："如果您是一个叙利亚人，我说撒拉姆（Salam）；如果您是一个腓尼基人，我说纳伊狄奥斯（Naidios）；如果您是一个希腊人，我说恰伊瑞（Chaire）；请您用同样的话回应我。"（*Anth. Gr.* 7. 419）墨勒阿格爱情上的竞争对手之一是犹太人，对此他很超然地评论说："即使是在寒冷的安息日里，爱情之火仍然熊熊燃烧（5. 160）。"在远为严酷的转型中，这是一段牧歌式的美妙时光。如公元前2世纪所显示的，在巴勒斯坦的土地上，犹太人和异教徒将展开殊死搏斗。

公元前3世纪，犹太本土只是巴勒斯坦的一小部分，几乎相当于耶路撒冷城，公元前2世纪中期的波里比阿就是

这样看待它的（16, fr. 39）。撒马利亚和加利利不在它的疆域之内。撒马利亚人，至少是其中那些没有完全希腊化的人，已经在基利心山建立了自己的宗教中心，由于有关传统相互矛盾，我们已经无法确知其建立时的背景。在大祭司主持下的、由俗人和祭司联合组成的议事会，在管理耶路撒冷方面享有很大的自治权利，但我们必须意识到，托勒密王朝在这个国家派有驻军。泽农〔Zenon〕档案已经表明，约公元前259年，财政大臣阿波罗尼奥斯〔Apollonius〕的代理人，根据他主人的意志在这里活动，因为他的地产之一就在加利利的比特－阿拉特（*Corpus Papyrorum Judaicarum* 1, 1–5）。从同一批纸草文献中，我们知道，托勒密王朝已经召请外约旦著名的舍赫〔Sheikh〕托比亚〔Tobiah〕指挥他的领土上的军队。从宗教上说，托比亚是个犹太人，但在他自己的国家里，他有自己的神庙，而且好像没有任何人怀疑他信仰的正统性。他的祖先之一是那个"阿摩利人奴隶"托比亚，曾给尼希米造成不少麻烦（《尼西米记》，2. 10；13. 4）。他的一个叫约瑟〔Joseph〕的儿子大约公元前230年成为犹太的税收主官（Jos. *Ant. Jud.* 12. 160 ff.）。大祭司和他的议事会都要考虑托比亚家族的愿望，即使托比亚家族真的是阿摩利人，他们也没有资格提醒托比亚家族注意："亚扪人和摩押人不可入耶和华的会。"（《申命记》，23. 4）奴隶贸易像过去一样兴旺，托勒密二世只得进行干预，阻止那些奴役巴勒斯坦自由人的企图（*Sammelbuch* 8008）。

　　新社会的压力在犹太人向外迁移方面表现得同样明显。

在这个问题上，又是强制和自由选择联合起作用。对那些需要这样做的犹太人来说，埃及是一个明显的选择。关于移民的数字，一说托勒密一世把十万战俘从巴勒斯坦带到了埃及（*Aristeas* 12–14），另一个数字说，在斐洛时代，埃及有 100 万犹太人（*in Flacc.* 43）。两个数字肯定都是虚假的。进入埃及后，犹太人从事他们擅长的职业——充任士兵、耕作者和牧人。从士兵转变成农民，或者相反的转变，都是正常的。埃及强大的中央集权管理体制，给犹太人为国王服务提供了机会，他们充当警察和税收官。在这样的职位上，外国人更受青睐。关于亚历山大里亚的经济生活，纸草文献提供的资料少些，因此，对于该城中的犹太人手工业者、商人和银行家，我们了解得较少，但他们肯定存在。《马卡比传》第三卷（3.10）提到，在公元前 3 世纪末的亚历山大里亚，有些希腊人是犹太人的生意合伙人。埃及可能还是犹太人进一步迁移到库列涅、希腊和意大利的出发地。公元前 2 世纪后半期，在西库昂、斯巴达、提洛岛、科斯和罗德斯，都有规模不等的犹太人社区。公元前 139 年，由于有害的宗教宣传，犹太人被赶出了罗马（Valerius Maximus 1.3.3）。在耶路撒冷，随着那些向神庙捐献的人数的增加，广泛的散居便利了耶路撒冷祭司阶层的兴起，到耶路撒冷朝圣，变成了一桩更加神圣也更加昂贵的事情。但是，斐洛对这些朝圣者的描绘（*De spec. Leg.* 1.69），《使徒行传》的记载（2.5–11），以及约瑟福斯的作品，都清楚地反映了罗马和平（pax romana）后期的状况以及希律（Herodes）时代宗教忠诚的商业化。

约瑟福斯提供的每年270万朝圣者的数字（*Bellum Jud.*6. 9. 3*），是另一个古代史的学者们必须学会与之共处、却不可能真实的数字。即使规模比这个数字要小得多，但公元前3世纪到耶路撒冷的朝圣肯定也意味着重大事件。它们为那些语言、风俗、地位，甚至政治立场日益分化的人提供了一个汇合点。巴比伦的犹太人忠诚于塞琉古王朝；据《马卡比传》第二卷记载，他们中的8000人击败了入侵的加拉太人的进攻（8. 20）。路易·芬克尔斯坦因［Louis Finkelstein］令我信服地证明（我必须承认，不是所有人都信服），《逾越节故事的米德拉西》［the Midrash of the Passover Haggadah］可能就反映了政治忠诚方面的冲突。关于巴比伦和波斯时期的传统被复活了，也许就是第一次被发明出来的，以鼓励新条件下对摩西律法的忠诚。《但以理书》的第一部分（大体上为1—6章）以及《以斯帖记》、《犹滴传》更可能属于公元前3世纪，而非公元前2世纪。它们既是启示，也是娱乐，显示了对维护律法的关注，但又不是那么担心。它们缺少那些我们在《但以理书》第二部分中能见到的殊死搏斗的阴沉气氛。

地中海的散居地很快成为希腊人地区的事实，对有关托拉的知识提出了挑战。在巴勒斯坦和巴比伦尼亚，希伯来语仍然是一种文学语言，将《圣经》口译成阿拉美亚语就足以让那些不识字的人继续得到相关信息。在埃及，有关希伯来语的知识成为稀有之物，而希腊文学却具有所需要的吸引力。不管是用于宗教服务，还是私下里阅读，托拉都有希腊语译本。那就意味着存在文字译本。后来，翻译从托拉扩展到《圣经》的其余部分。这一过程大概持续了两个世纪。《以斯帖记》大概直到公元前 78 年到前 77 年才被翻译成希腊语。

翻译肯定也有助于改宗。一旦犹太人开始说希腊语，它就具有了相当不同的意义。我清楚地知道，没有任何希腊化时代的资料证明，由于异教徒阅读了《圣经》，变成了犹太人或者犹太人的同情者。但斐洛声称，有许多异教徒参加了在法罗斯岛举行的一年一度的庆祝《七十子圣经》译本 [the translation of the LXX] 的节日（*Vita Mosis* 2. 41 ）。我猜测，这些人是同情者。对那些对犹太教有兴趣的人来说，他们现在可以直接接触圣书了。可是，没有任何迹象说明，异教徒曾经广泛地了解《圣经》，因为它用的是糟糕的希腊语。尽管近代的学者们在这个问题上有时自欺欺人，但事实是，没有任何希腊化时代的诗人或者哲学家引用过它。希腊哲学家中，可以确定引用过《圣经》的第一部作品，是隆吉努斯 [Longinus] 的《论崇高》（*On the Sublime*，9. 8 ）。该书的定年通常是公元 1 世纪。此后，大概还有修辞学家卡拉克特的凯基里乌斯 [Caecilius of Calacte] 教授过希腊语的《圣经》。但此公是犹太人。《七十子圣经》的宗教特征——它明显是犹太会堂口译《圣经》的副产品——使我们相信，它不可能是根据托勒密二世的命令完成的翻译作品。在这一问题上，我从不轻言反对埃利亚斯·比克曼 [Elias Bickerman] 的看法。他为这一传统进行了辩护，这一传统在公元前 2 世纪已经流行开来——距离上述事件发生仅一个世纪。比克曼争辩说，在古代，大规模的翻译工作是由国家，而非私人倡导完成的。但他提出的唯一证据，只是迦太基人马戈［Mago］30卷的农学著作，它是根据罗马元老院的命令译成拉丁文的（Pliny，*N.H.* 18.22）。对于翻译希腊人的作品，罗马人的态度却是不同的。公元前3世纪，李维乌斯·安德罗尼克斯被带到罗马，成为把希腊诗歌译成拉丁语的半官方翻译家。在希腊人中，由于缺少任何可资比较的证据，对于这样一个在犹太会堂中产生的翻译作品，能否将其归于王家的明确指示，我很怀疑。直到基督教接受《七十子圣经》时，它都是犹太人的专有物。我们甚至不知道，在那个伟大的托勒密王朝的建筑——亚历山大里亚图书馆中，是否收藏过《七十子圣经》。 *92*

现在我们需要做某些结论。约公元前300年，希腊的文化人把犹太人作为哲学家、立法家和智者介绍到了希腊世界。几十年后，这些所谓的哲学家和立法家用希腊语把他们的哲学和立法公之于众。异教徒仍然漠不关心，其他的闪米特人，如腓尼基人、西提昂的芝诺［Zeno of Citium］和索利的克利西普斯［Chrysippus of Soli］来到了雅典，在这个希腊人的文化中心，很容易地确立了自己作为智慧导师的地位，原因是他们接受了多神教，并且把希腊哲学的传统语言变成了他们自己的语言。两者的对比实在鲜明。《七十子圣经》也没有引起公元前3世纪的异教知识分子对犹太教的兴趣，这意味着犹太人哲学家神话的破灭。

现在让我们更深入地考虑一下希腊人拒绝《圣经》所暗含的意义。这意味着希腊人寄希望于犹太人的，不是翻译后者的圣书，而是根据通行的民族志方法和范畴，提出一个关于他们自身的解释。在希腊世界，这是传统做法。公元前 5 世纪，可能受希罗多德启发，吕底亚的桑托斯用希腊语写了一本关于吕底亚历史和风俗的书。公元前 3 世纪，这一类书的数量成倍地增长。为了希腊人的兴趣，埃及的马涅托［Manetho］、巴比伦的贝罗苏斯［Berossus］、罗马的费边·皮克托用适当的方式，分别叙述了各自国家的历史。对犹太人来说，他们容易遵循这种习惯，因为阿布德拉的赫卡泰俄斯已经率先树立了一个小榜样，让犹太人知道如何实现他人的期待。因此，在某种意义上说，人们要求犹太人把他们自己的神话，用希腊人发明的文字，变成永久性的叙述。有些犹太人从事这一工作，我们知道，一个叫德米特里乌斯［Demetrius］（弗拉维乌斯·约瑟福斯愚蠢地把他称为法列隆的德米特里乌斯［Demetrius of Phalerum］）的人写了一部圣经史，其中包括时髦的年代学考察。这肯定是公元前 3 世纪后期的事情。不久，一个可能是撒马利亚的人又写了一部圣经时代的历史。但关于犹太人最著名的作品，是公元前 2 世纪中期产生的。优波勒莫斯［Eupolemus］是犹大·马卡比［Judas Maccabaeus］公元前 161 年派往罗马的使节，他曾写过一部作品，其中我们能读到所罗门 12 岁时与其依附国国王之间的往还信件，他们中有埃及国王瓦弗瑞斯［Vaphres］和推罗国王苏荣［Suron］（Eusebius, *Praep. Evang.* 9. 31-4）。

另外一个历史学家，那个神秘的马库斯［Malchus］，或者叫克列奥德莫斯［Cleodemus］的人，可能是一个犹太人，把亚伯拉罕的儿子们写成赫尔枯勒斯的伙伴，并让赫尔枯勒斯娶了其中之一的女儿（Jos. *Ant. Jud.* 1. 240）。在一篇对话中，帕涅阿斯的阿里斯托布鲁斯［Aristobulus of Paneas］让托勒密六世（公元前 181—前 145）提出了有关《圣经》的问题，并对犹太传统做了寓意化的解释。由于犹太人更加古老，所以这种方法天然地让犹太人有可能宣称他们曾是希腊人的老师。约公元前 200 年，传记作家赫尔米波斯［Hermippus］毫无困难地接受了这样一种观念：毕达哥拉斯曾经是犹太人和色雷斯人的门生。犹太人也能够找出他们与希腊人祖上可敬的联系。有人——可能是犹太人，也可能是希腊人——编造了犹太人和斯巴达人有共同祖先的说法。从《马卡比传》下篇看，至少是在某些犹太人的圈子中，他们明显承认这一结论。类似的事例在希腊化世界比比皆是。他们同样相信，在亚伯拉罕时代，犹太人曾经是帕加玛居民的朋友（*Ant. Jud.* 14. 255）。确实，与摩西相比，更具包容性却又不那么僵化的亚伯拉罕，成为类似伪造所喜爱的主人公。

所有这些不仅仅是败坏道德，由于游戏的一方是犹太人，而他们注定要在游戏中丧失信誉，它实际上是危险的。如我指出的，这场游戏是在紧张气氛不断增长的情况下进行的。在巴勒斯坦，犹太人需要面对闯入的希腊人；在埃及，他们自己是闯入者。公元前 3 世纪，他们在埃及还是希腊人 ⁹⁴ 的合作者，但越来越不受当地居民欢迎。有两种关于犹太人的理论借马涅托之名流行：一种认为他们和入侵的希克索斯人同一，另一种则认为他们是麻风病患者。马涅托是否应为这两种理论中的任何一种负责，是历史学上的一个老大难问题。犹太人援引阿布德拉的赫卡泰俄斯的作品为自己辩护，于是又出现了历史上另外一个有名的问题：弗拉维乌斯·约瑟福斯和优西比乌斯所引用的、归之于赫卡泰俄斯的作品，是否是真实的。汉斯·卢伊是一个这样的学者：如果人们不赞同他的看法，只会使自己陷入危险之中。在一篇令人钦佩的文章中，他坚持认为，至少约瑟福斯引用的赫卡泰俄斯是真实的。可是，我仍然倾向于相信，真实的赫卡泰俄斯不大可能像约瑟福斯让他所说的那样，宣称亚历山大将撒马利亚人的领土作为免税区给予犹太人。无论真实与否，马涅托与赫卡泰俄斯的材料都被用来进行卑下的相互攻击，希腊诗歌的伪造则完成了这一工作。

最糟糕的事情还在后面。公元前 2 世纪，宗教和社会冲突日趋尖锐，公元前 198 年，巴勒斯坦成为叙利亚王国领土。在罗马的压力下，希腊化国家体系迅速进入解体过程。在埃及，面对那些为争夺罗马实际保护国制度下所剩无几的权力而敌对的不同阵营，犹太人被迫表明自己的立场，他们被指控仪式谋杀和反对希腊人的誓言。有人暗示，犹太人在他们的神庙中崇拜驴头。这个故事可以追溯到墨拿塞斯［Mnaseas］——公元前 2 世纪后期的作家（c. Apionem 2. 112）。通过阿波罗尼乌斯·摩隆——西塞罗的老师之一——的著作，这一传说广为流行。

我的意图不是要详细追寻文献中攻击犹太人的故事，尽管这种攻击伴随着马卡比起义，在起义以及哈斯摩尼王朝不那么光彩的建立之后，也一直如此。可是，在下一讲中，我将讨论有关马卡比的传统。有一点是清楚的：如果从画面中抽掉唯一真实的文献——《圣经》，相关的讨论注定要降格，如果哲学家们没有得到创造其哲学的许可，那么人们要求他们提供的替代品，以及他们实际提供的替代品，肯定是劣质的。

当和平仍在延续，但人们已在某种程度上期待着即将来到的麻烦时，西门·本·耶稣·本·埃勒查尔·本西拉 [Simon ben Jesus ben Eleazar ben Sira]——人们显然是这么称呼他的，写下了他的沉思录《便西拉智训》(*Ecclesiasticus*)。它们肯定是公元前190年到前170年的作品。本西拉在国外流浪过（51. 13），他理想的学者是这样一个人：曾游历过"众民族的国家"，而且尝过"人间冷暖"（39. 4）。在我看来，没有任何明确的证据证明，本西拉读过希腊人的作品，而且我也相信，他不需要从《伊利亚特》那里（14. 18）学会人类"像树叶一样萌出和消失"。但是，他肯定目睹过希腊文明的某些东西，以及它的哲学学校、剧场和体育场。他预见到战争的发生，并为他的人民的胜利祈祷。他还看到，巴勒斯坦的社会矛盾正在加剧；他劝告人们仁慈和正义。但是，他没有透露任何胜利或者改革的信息。他的书尽管像《箴言》和《诗篇》一样激情四射，却悄悄地再度确认了传统的犹太信仰，以对抗希腊主义的诱惑："全心全意敬畏上帝，尊重他的祭司。"（7.29）本西拉赞颂了以前的父辈，描绘了大祭司、约查南［Jochanan］之子西门［Simon］走向上帝祭坛时的景象（50.11）。他的结论是（如果是正确的读法的话）："愿我的灵魂乐识上帝之律法（Yeshibah）。"（51.29）

作为100年来犹太－希腊人接触的个人评价，这个结论引人注目。这是一个学者对《圣经》的回归，而他已经看到了希腊化的后果。类似科勒特和本西拉那样的人，通过用希伯来语写作保持着自己的独立精神，使犹太人的思想免于败坏，而这种败坏，是希腊化国王统治下的埃及和巴比伦生活的特征。罗马人也避免全盘接受希腊化的思维模式，但他们毕竟是政治上独立的民族，而且很快就变得比希腊化诸王国更为强大。犹太人则纯粹是由于坚持自己的信仰而仍然存活下来。可是，这个故事还有另一面，而且它将成为我们今天的目标。本西拉作品的希伯来语文本，与之相伴的还有死海古卷以及梅察达的保卫者的经文，在中世纪早期都失传了。只是在上世纪末期，才在开罗的犹太会堂［geniza］找到一部分。那位拒绝了希腊智慧的人所写的书，因他的孙子将其译成希腊文而继续流传多年，而他是公元前132年迁居到埃及的移民。

5 从安条克三世到庞培时代的希腊人、犹太人和罗马人

"除那些根据该国法律规定净化过的人按照习惯进入
外，其他任何外人进入到神庙禁地内，都是非法的。任何人
亦不得携带下列动物之肉进入该城，包括马、骡子、野驴、
家驴、豹子、狐狸、野兔，以及所有犹太人认为应当禁止的
动物。"这并非《密西拿》的专论《哲拉音》[the Mishnaic
treatise *Kelim*] 的规定，而是叙利亚国王安条克三世大约于
公元前 200 年颁布的诏书（Joseph. *Antiq. Jud.* 12. 145-6），它
的真实性也已经得到埃利亚斯·比克曼无可置疑的证实。在
教会我们从希腊化的背景来理解犹太教方面，比克曼比任何
其他学者都做得多 [*Syria* 25（1946-8），67-85]。经过两个
世纪的模糊和传说，来自安条克三世法庭的两份文件，突然
让我们看到了耶路撒冷生活中的某些东西。第二份文件也
是由弗拉维乌斯·约瑟福斯引用的（*Ant. Jud.* 12. 138-44），
同样又是埃利亚斯·比克曼在《犹太研究杂志》[*Rev. Étud.*
Juives] 第 100 卷（1935）第 4—35 页发表文章，反驳认为
它是伪造的观点。我们所看到的，是一个小的神庙国家，由

于安条克三世和托勒密五世最近的战争，其社会和经济结构已经被摧毁；巴勒斯坦已经从埃及人的控制之下转到了叙利亚人手中。由于犹太人本身感情和利益上的分歧，亲埃及的领袖们决定到埃及避难（Hieron. *in Dan.* 11. 14；*P.L.* 25. 562）。其他许多犹太人已经遭到奴役，或者选择了逃亡。圣殿的财政甚至建筑物本身都遭到了破坏。由于意识到多数犹太贵族给自己提供了支持，所以安条克三世试图帮助他的新臣民们。在一封致当地总督托勒密的信中（我们是从另一篇文献中知道他的名字的），安条克三世授予犹太地区的犹太人，特别是他们的"长老、祭司、文士和圣歌的歌者"各种免税特权。有意思的是，在这些文献中，不曾以任何形式提到大祭司，而他正是那个本西拉曾经在颂词中描述过的西门，赞扬他是耶路撒冷命运的光复者。这位叙利亚国王认为，犹太是一个城市国家，无论它多么独特，它有长老会以及其他权限明确的组织机构、祭司、文士、歌者。由此显示的一个重要事实是：圣殿仍得到该国国王的资助，和在波斯统治下的情形一样，根据大流士公元前515年的诏书给予补助（《以斯拉记》，6.9）。似乎相当肯定的是，公元前459年再度得到阿塔薛西斯［Artaxerxes］肯定的这种补助，在亚历山大大帝和托勒密王朝时代，一直在继续，因为它后来在程序上虽有变化，但又得到了奥古斯都的认可（Phil. *Leg. ad Gaium* 157；Jos. *B.J.* 2. 409）。圣殿的经济，以及与之有关的犹太人的圣地，取决于统治者的善意。安条克三世确定的补助金额为每年两万银德拉克马，外加谷物和盐等实物。我们不清楚这笔补助在圣殿的支出中占多大比例，但它肯定具有实质意义。统治者期待犹太人为获得这一帮助所付出的代价，是合作和顺从。约公元前180年，由于大祭司和国王塞琉古四世［Seleucus IV］的圣殿监督之间发生了分歧，导致了维齐尔赫利奥多罗斯［Visir Heliodorus］的视察。从其他资料中（OGIS 247），我们知道此人颇为知名。我们都记得发生过什么事情。像波斯的达提斯［Datis］在罗德斯岛的林都斯的雅典娜神庙一样（Inscr. Lindos 1，183-4 Blinkenberg），赫利奥多罗斯被奇迹阻止，并被迫承认有一个伟大的神灵出现在他面前。这些奇迹无疑立刻被当代的颂神者记录下来，后来被汇集起来，并在公元前2世纪末以前和《马卡比传》下篇的资料合并到一起。由于马卡比起义后，任何人都不会对此类小插曲感兴趣，所以我们听到的，是革命时期之前祭司掌权下的耶路撒冷的真实声音。像安条克三世颁布的命令一样，和赫利奥多罗斯有关的颂神歌，是举止得体时代的残余，那时塞琉古王朝资助着犹太人的圣殿，如果遇到抵抗，就秩序井然或杂乱无序地退出，严重的问题尚未出现。

在赫利奥多罗斯的奇迹之后仅几年时间，如此严重的问题是怎样出现的，仍是一个问题。某些史实属于希腊化史的一般常识。在安条克四世和托勒密五世的战争之间，犹太人陷入了两难。由于公元前168年罗马的干涉，埃及得救了。而被罗马人剥夺了胜利果实的安条克四世，转而处理当地居民的圣地及其财政，以应付随之而来的社会和经济问题。他有意加强希腊城市的活力，在臣民中扩大希腊化的规模。他难以捉摸的性格本身——波里比阿注意到了这一点（26.1）——也是影响形势的一个因素。当然，希腊化问题到处存在。当犹太的《但以理书》的编辑者正在让第四王国的古老图景（它部分是铁，部分是泥）适应形势时［D. Flusser, *Israel Oriental Studies* 2（1972），148-75］，加图正在罗马开希腊人的玩笑。一代人之后，西塞罗的祖父，"最高贵的人"［vir optimus］，确信掌握希腊语是邪恶的标志："谁最懂希腊语，谁就最没用。"（*De orat.* 2. 265）只是因为我们对有关迦太基和帕提亚的笑话了解得太少，才无法评估当地人对 pergraecari 这个词（意思是：按彻头彻尾的希腊方式行事）的反应。对这个词，菲斯图斯［Festus］将其解释成"放纵宴饮，及时行乐"［epulis et potationibus inservire, p. 235 L.］。

但是，公元前 168 年到前 164 年在耶路撒冷发生的事情，已经不是塞琉古国家普通的内部冲突了。雅赫维圣殿变成了奥林皮亚宙斯的神庙；耶路撒冷的居民被称为安条克人；神秘的阿斯克拉要塞被叙利亚驻军占领；传统的犹太人习俗，如割礼和守安息日，被禁止了。在人们的记忆中，如此直接干涉一个民族古已有之的崇拜的行为，在希腊世界闻所未闻。至少一部分犹太人感到，唯一的解决办法是圣战。马卡比的犹大起而成为民族的新领袖。在不到 3 年的时间中，可能是公元前 164 年 12 月［Kislev］，古老的崇拜得以在圣殿恢复。可是，一个神庙国家和塞琉古的统治之间要恢复原来的普通关系，是不可能的。在软弱的叙利亚国王的宝

00

座上，篡位者实在太多，使得这件事变得不可行。从政治上看，马卡比的起义很快就变成了一场独立战争。由于只有依靠罗马的帮助和授权，独立才有可能，所以独立实际上意味着把犹太变成罗马的臣属国。朝此方向前进的第一步是犹大在公元前161年迈出的，那一年他与罗马签订了同盟条约。从文化上看，巴勒斯坦的犹太人需要面对散居后所产生的日益加剧的分化，在美索不达米亚和埃及，都发生了这种情况。他们还需要在希腊化的背景下有效管理国家。从宗教上看，起义造成了一种对比。耶路撒冷对希腊主义的抛弃，肯定意味着重新确立犹太人共同体对那个亚伯拉罕、以撒和雅各崇拜的上帝的忠诚，但与此同时，它又是众多个人选择的结果。成千上万的人们曾经有过选择，而且根据自己内心的热望做出了决定。在应召时，有些人殉难了。安条克的迫害和七兄弟的殉难，是形势的典型表现。殉难确实是那个时代新的价值观。但是，既然有殉难，也就有脱离。库兰的僧侣¹⁰¹以及后来的基督教徒，正是从马卡比的犹大在犹太沙漠中发现的同一来源中，获得了不墨守成规的力量。犹太人和希腊人之间缓慢的相互探索和适应，被日益狂热的冲突所代替。

II

因此，我们希望能够回答的问题是：是什么因素造成了古代宗教生活中如此新奇、前所未闻的形势？主要事件进程几乎没有争议的事实，掩盖了我们对真实进程的无知。随着马卡比家族的出现，我们已经站在一个新时代的大门口

了：那就是宽容的终结和迫害的开始。我们自然希望了解是什么带来了这一变化，主人公如何看待他们在其中扮演了角色的事件。要弄清当时的形势，存在巨大的困难，犹太教史家，就这件事来说是希腊主义史家，很少愿意承认我们无知的广泛程度，而这种无知，仅有部分源自资料的稀少和矛盾。即使是理解那种非常单纯、相对说来也是文献丰富的宗教战争的细节，也存在内在的困难。我那好斗的皮埃蒙特同胞两度希望在他们的家门口赶走新教徒，但两次都失败了。1602 年，他们从日内瓦的城墙上被赶了下来，此前他们曾突袭该城。1689 年，他们又没有能够阻止好战的韦尔多派返回他们原来的山谷。攀登节［the Escalade］对日内瓦的加尔文教徒、大回归［the Grande Rentree］对帕罗斯谷的韦尔多派来说，和圣殿的重新祝圣对犹太人的意义是一样的。要把事实从传说中分离出来，并抓住事实的意义，它们所提出的问题是一样的。亨利·阿诺德［Henri Arnaud］牧师，那个韦尔多派的犹大·马卡比，就是英格兰的"上帝之手"［longa manus］吗？这样的提问确实有意义吗？

¹⁰² 首先，关于犹太的事件，我们实际上缺少塞琉古方面、更一般地说是希腊人方面的记载。《马卡比传》上篇和《马卡比传》下篇中的一系列文献所反映的——我认为这些文献中的多数内容是相当真实的——是叙利亚的权力在犹太的衰落，但是，对于安条克四世要使耶路撒冷希腊化的意图，它们没有提供任何准确的线索。波里比阿和波斯多尼乌斯的有关叙述完全失传；如果我们把约瑟福斯《犹太战争》第一

卷的相关叙述与他在《犹太古事记》中更加完整、精致的叙述进行比较的话，也许可以看到某些大马士革的尼古拉[Nicolas of Damascus]的影子。但即使约瑟福斯利用了大马士革的尼古拉的资料，他也是用犹太人的话语进行解释。有人进一步认为，大马士革的尼古拉又利用了波里比阿的相应部分，但结果证明，根本没有进行这样的研究的意义。如此一来，关于塞琉古王朝和犹太人之间的战争，我们事实上没有真正的希腊方面的看法。我们今天所有的，不过是晚近资料中的某些暗示。最重要的，当然是塔西陀《历史》中脱离本题的一段关于犹太人的叙述。塔西陀的观点是：安条克四世试图通过废止迷信，赋予他们希腊人的习惯，来提升犹太人的文明程度。他"努力消除他们的迷信，赋予他们希腊人的生活方式，以使这个最让人讨厌的小民族变得更好[demere superstitionem et mores Graecorum dare adnisus，quo minus taeterrimam gentem in melius mutaret.]"（5.8）。重要性稍次的是6世纪的编年史家安条克的约翰·马拉拉斯[John Malalas of Antioch]（*Chronographia*，205-7 Dindorf）。他的故事是这样的：饥荒时期，犹太人在从埃及获得谷物的问题上遇到了困难。于是安条克四世向埃及发动战争，以帮助他的臣民。但在一次败仗后，犹太人发动了暴动，安条克四世自然转而攻击犹太人，屠杀了耶路撒冷的所有居民，把圣殿变成了异教徒的圣地。这个故事是由传说式的主题、圣经式的回忆，加上基督教的敌意组成的，但它总算是希望解释基督教徒所接受的、安条克城的犹太口传传统是怎样的。根据另一条记载，口传传统保存着有关摩西堡、律法残篇、阿克拉的钥匙及其他财宝的叙述。在约翰·马拉拉斯的故事背后，可能有该事件的希腊人版本，它把犹太人描述成安条克四世权力的单纯反叛者。但是，对于重建这一事件来说，我们不能不负责任地使用它［E. Bickerman，*Byzantion* 21（1951），63–83］。

III

当然，我们拥有丰富的来自犹太方面的资料。可是，在我看来，仅有的两篇关于事件的完整叙述，即《马卡比传》上篇和《马卡比传》下篇，是不能作为同时代事实的目击证据使用的。《马卡比传》上篇的文风显示，它是一份希伯来语文献的译本，而且圣哲罗姆［St Jerome］显然还看过希伯来语的原文（*Div. Biblioth.*，*P.L.* 28. 556），奥涅金［Origen］还知道它的希伯来语书名，它以 Sarbethsabanaiel（ap. Euseb. *H.E.* 6. 25. 2）这一败坏和无法辨识的形式流传到今天。文献的叙述止于公元前 135 年的西门之死，可能在他的继承者约翰·海尔卡努斯［John Hyrcanus］时代已经写成，也就是说，成于公元前 104 年以前。希腊译文产生的具体时间，严格地说是不清楚的，尽管约瑟福斯提供了其成书可能的最晚时间［terminus ante quem］，因为他广泛利用了这篇文献，只有最后三章可能例外（这一点和约瑟福斯有关，但不影响《马卡比传》上篇的完整性）。由于希腊语译本明显忠实于希伯来原文，作为历史资料来说，翻译的具体时间无关紧要。

《马卡比传》下篇是对昔兰尼的耶逊〔Jason of Cyrene〕五卷著作的一个摘要，否则我们就不知道其来源了（2. 19–28）。我们没有理由怀疑这一结论的正确性。摘要以两封书信开头，第一封信是犹太的犹太人致埃及的犹太人的，赞美了洁殿节的庆祝活动，作于公元前124年。第二封信是犹大·马卡比和耶路撒冷的犹太人致"国王托勒密之师"阿里斯托布鲁斯的，显然作于公元前164年。它叙述了安条克四世死亡的故事以及洁殿节的创办情况。第一封信很可能是真实的，第二封信则可能是伪造的，目的是补充第一封信。对埃及的犹太人来说，没有任何其他东西比犹大·马卡比亲笔写给令人非常尊敬的犹太–埃及人阿里斯托布鲁斯的信能留下更好的印象了，而阿里斯托布鲁斯在我们的故事中还会出现。如果是做摘要的人给他关于昔兰尼的耶逊的摘要添上了这两封信，那么他的摘要应当属于公元前124年以后。唯一可能的另一个答案是：设想一个后来的窜入者给耶逊的摘要添上了这两封信。尽管第三只手即耶逊摘要的窜入者的理论已多次提出，甚至迭戈·阿伦豪威尔〔Diego Arenhoevel〕最近的优秀著作《〈马卡比传〉上下篇所反映的神权政体》（*Die Theokratie nach dem I. und II. Makkabäerbuch*）也持此种观点，但我认为，这样的观点从来没有得到充分的资料的支持。

在现存的《马卡比传》下篇中，我认为怀疑有窜入的严肃的理由只有一处，那就是《诗篇》10.1，在那里，马卡比被称为Μακκαβαῖος而缺少了前面的冠词。然而，更深入的考察显示，这种语言学的论证并不那么重要。没有冠词而出现了 Μακκαβαῖος 的那个短语是这样的：Μακκαβαῖος δὲ καὶ οἱ σὺν αὐτῷ，意思是"马卡比及其追随者"，在另外 19 处 Μακκαβαῖος 前有冠词出现的情形中，都和此处不同。唯一的一处是 8.1，那里的原文是 Ἰούδας δὲ ὁ καὶ Μακκαβαῖος καὶ οἱ σὺν αὐτῷ，即"马卡比家的犹大与其追随者"。在这里，Ἰούδας 前面也无冠词，和 10.1 中 Μακκαβαῖος 的用法一样。关于《马卡比传》下篇中人名前带冠词的问题，我不知道有谁做过彻底的研究。在缺乏进一步研究成果的情况下，我无法认为 10.1 中的 Μακκαβαῖος 一词和该书其他部分的语言不合，因此不能把它作为窜入的证据。

对《马卡比传》下篇的正确解释是，它的作者对在埃及的犹太人中传播有关洁殿节的庆祝活动有兴趣。通过摘介昔兰尼的耶逊的历史——它提供了有关事件的叙述；通过引入巴勒斯坦犹太人的两封信——他们邀请埃及的犹太人加入到庆祝活动中来，他向人们推荐了此类庆祝活动。摘要者本人强调的是，他写作的时候，距事件已有一段时间，因为他在结尾处说，"从此时起，耶路撒冷就在犹太人手中了。"如果公元前 124 年是《马卡比传》下篇可能的开始时间［terminus post quem］，那它的截止时间就是庞培对犹太的占领。对新的洁殿节的强调，支持公元前 2 世纪后期这个时间。换句话说，我倾向于把《马卡比传》上、下篇都定在公元前 2 世纪的最后几十年，即公元前 164 年安条克四世死后的 40 年到 50 年。两篇主要的犹太文献，是在犹太已经成为一个独立而具有扩张倾向的国家时写成的，那时政治上非常冒险的路线，与安条克四世时期宗教话语领域中的殊死斗争很少有相似之处。我们必须牢记这样一种可能性：两书所反映的，是后来叙述遥远事件时的气氛。《马卡比传》上篇是一部哈斯摩尼家族的王朝史，所表达的对安条克四世政策的看法既不一致，又相互矛盾。当安条克登上王位时，某些无法无天的犹太人得到了在耶路撒冷表演异教仪式的许可，他们抛弃了割礼，建起了体育场。可是，在入侵埃及后，安条克亲自摧毁了耶路撒冷的圣殿，派兵占领了阿克拉，并下令其王国内的所有臣民放弃本民族的信仰。叙述到此，安条克已经把希腊化推行到了远远超过犹太的范围，耶路撒冷的希腊化集团也就与该故事没有关系了。相反，《马卡比传》下篇一直把故事的中心集中在犹太人中的希腊化派的恶行以及不同犹太派别之间的冲突上。它特别强调，一直存在着犹大·马卡比的反对者，反对者中包括以前的大祭司阿尔奇姆斯［Alcimus］。由于《马卡比传》下篇提供的资料，我们知道，耶路撒冷的圣殿和撒马利亚基利心山上的神庙都变成了希腊神庙（奥林匹亚的宙斯和客人保护神宙斯［of Zeus Olympios and of Zeus Xenios］），并在耶路撒冷举行了酒神节。《马卡比传》下篇对撒马利亚神庙后来的命运不感兴趣，但后者肯定间接从犹大·马卡比的起义中得到了好处。

不奇怪的是，《马卡比传》下篇对我们的心思，因为它的叙述更加一致，也更加接近我们的经历。众所周知，它成为 V. 切尔里科夫［V. Tcherikover］和 E. 比克曼重建该事件的基础。存在于耶路撒冷的强大的希腊化派别，要求而且得到了这位塞琉古王朝国王的支持，从而用希腊化的话语解释了安条克四世的反常行为。此外，随着改革后新教风格的教义的确立，19世纪犹太人中的融合运动和它与该事件的相似性，创造了这种版本是真理的假设前提。约公元前170年在犹太存在一个希腊化派别的情况，其实可以作为当然的事实。可是，问题是《马卡比传》下篇是否对事件做了过于简单化的叙述，从而让我们进行了误导性的类比。对《马卡比传》下篇，我们不能不做进一步考察就把它作为资料。它居然告诉其读者，在极端危险时，安条克四世许诺"成为一个犹太人，并访问所有有人居住的地区，以宣扬上帝的权能"（9.17）。现在，我们需要转向公元前167年到前164年间仅有的真实文献，揭示迫害的进程，那就是舍切姆的撒马利亚人给安条克四世的陈情书，它是由弗拉维乌斯·约瑟福斯（*Ant. Jud.* 12.258 ff.）和《但以理书》提供的。

IV

我不能把《诗篇》的任何作品包括在可以确定的与事件同时代的文献中，因为我得承认，我无法把《诗篇》中的任何一篇定在马卡比时期。由于缺少有关安条克四世迫害和马卡比反应的连续的同时代叙述，我看不出我们如何确定《诗篇》中的任何作品可以被归为马卡比时代。在反对把其中的任何作品归于马卡比时期的问题上，我们没有任何先入之见⌊a prior⌋。《死海古卷》中的《圣诗集》已经证明，公

107

132　　外族的智慧：希腊化的局限

元前 2 世纪甚至前 1 世纪,《圣诗集》仍然可以修订。但是,我们无法期待,那些反映迫害和起义年代的诗篇,和《马卡比传》从事后角度描绘的形势具有准确的可比性。如果我们不能按照这种方式使用《马卡比传》,那么任何确定的比较都是毫无道理的。例如,作为马卡比时期的作品,《诗篇》的第 74 首一直是最强有力的候选者:"上帝啊,你为何永远丢弃我们呢?你为何向你草场的羊发怒,如烟冒出呢?求你记念你古时所得来的会众,就是你所赎、作你产业支派的。"这里假设的形势是燃烧的圣地,还有永久的废墟和异教的标志。由于《诗篇》作者们并未提到城市的毁灭或者人民的被逐,其背景几乎不可能是公元前 586 年耶路撒冷的被毁。但是,有关的描绘与《马卡比传》提供的资料关于公元前 167 年圣殿的玷污也不相符合,因为当时只有祭司的房子被毁,大门被烧(I Mac. 4. 38; II Mac. 1. 8; 8. 33),而《诗篇》未提到的伟大事件是"圣坛荒废的悲惨"。5 世纪的特奥多利图斯〔Theodoretus〕在其对《诗篇》精到的分析中感到困难,当他在其中看到圣殿被提图斯〔Titus〕烧毁的预言(*P.G.* 80. 1453)。要么是《诗篇》有关公元前 167 年事件的描述非常不同,要么是它提到了在我们的传统中没有留下任何迹象的其他麻烦,例如,公元前 4 世纪末亚历山大死后继业者的战争时期。

因此,如我所说,关于迫害时期的宗教形势,我们仅有两篇同时代的记载——《但以理书》以及舍切姆的撒马利亚人的陈情书,他们希望把神庙献给宙斯,更准确地说,是献给"希腊的宙斯"（Zeus Hellenios）（Jos. *Ant. Jud.* 12. 258 ff. ）。撒马利亚人所以向叙利亚国王提出请求，是希望把自己与犹太人区分开来，让人们认为他们是西顿人，并把他们的神灵命名为希腊神宙斯："如今您已经给予了他们与其残暴相称的惩罚，但是，陛下的众官如今正同样对待我们，因为他们相信：由于血缘关系，我们与犹太人一样。可是，我们是起源于西顿的人民，官方的文献对此有明确的说明。因此，我们请求您作为我们的佑主和恩人，命令本土总督阿波罗尼奥斯不要以任何方式骚扰我们，既然我们在种族和习惯上都与他们不同……我们请求把那座无名的神庙称为希腊神宙斯的神庙。"（*Ant. Jud.* 12. 260 ff. ）这篇文献印证了《马卡比传》下篇描绘的宗教形势的某些方面。就像耶路撒冷的圣殿被重新命名为奥林匹亚的宙斯神庙一样，基利心山上的圣地也被称为好客者宙斯的神庙（6. 1–2）。撒马利亚人希望作为西顿人被对待，就好像耶路撒冷人现在被称为安条克人。我无法接受德尔科尔［M. Delcor］的看法，他认为这些舍切姆人是真正的腓尼基人，而不是撒马利亚人［*Zeitschr. Deutsch. Paläestina-Ver.* 78（1962），2，4–48］。我们无须讨论约瑟福斯和《马卡比传》关于撒马利亚人准备的神庙名称上的差异，一篇说是希腊神宙斯，一篇说是好客神宙斯。撒马利亚人的文献给《马卡比传》下篇增添的内容是：撒马利亚人请求国王给他们的神庙命名。不仅没有任何证据说明耶路撒冷的居民做了同样的事情，而且撒马利亚人的陈情书清楚地暗示，他们也没有这样做。撒马利亚人的动机，是企图预先阻止国王，并防止反犹措施扩大到撒马利亚人头上。撒马利亚人的请求和耶路撒冷的希腊化派相去甚远，他们的陈情是为了预防犹太模式的出现。为让观点更明确，撒马利亚人的文件宣布了下述理论的无效：在说服安条克四世把耶路撒冷圣殿变成奥林匹亚的宙斯神庙方面，犹太人中的希腊化派发挥了决定性作用。

这一结论得到了《但以理书》的证实。我们今天见到的《但以理书》的第二部分，也就是希伯来文《圣经》的第七至十二章，让我们很容易就看到安条克四世的形象，在第七章有关四只大兽的叙述中，安条克"改变了节期和律法"，他的统治将会延续"一载、两载又半载"，也许是三年半（7.25）。第八章显示，圣殿的修建将延续2300个日夜（8.14），这个数字也许可以解释成2300天或者1150天。根据最可能的年代，圣殿大约是公元前167年12月祝圣的，约于公元前164年12月完成重建，所以，我们必须认为，后一种对《但以理书》的解释是正确的，因为它累计有三年时间，大体上和前一章的"一载、两载又半载"吻合。从年代学的视角看，漂亮的第九章要难确定得多，因为我们需要重新解释耶利米的"耶路撒冷70年的荒凉"，但9.27似乎再次肯定了圣殿服务被停止三年半的说法。最后，它再度宣布宗教迫害的时间是"一载、两载又半载"（12.7），也就是说，在结束该卷时，两个不同的版本都说是三年半。如果我们把它计算为1290天，然后再加上45天，预言就更加准确了（12.11—12）。这一点让现代读者绝望，但对于那些刚

刚看到预言实现而阅读它的同时代读者来说，却能够完全满

110

意。尽管这样做人们可能认为我是个可怕的简化论者，但我
仍冒险认为，《但以理书》第七至十二章的作者明显是在圣
殿得到祝圣、至少是在刚刚看过预言以后就开始了写作（公
元前 164 年 12 月？）。由于楔形文字泥版文书 B.M. 35603 的
记载，我们现在知道，就在圣殿重新祝圣的几天或者几个
星期之前，安条克四世已经死在了波斯 [A.J. Sachs and D.J.
Wiseman，*Iraq* 16（1954），212]，而作者尚不知此事。在
其唯一试图做出的真实预言中，《但以理书》的作者，至少
是其后半部分的作者，预言安条克将死于一场新的对埃及
的战争，更准确地说，是死在"大海和美丽的圣山之间"
（11. 45），即地中海和耶路撒冷之间。但这件事并未发生。
作为预言家，但以理有他的局限性。虽然他了解公元前 168
年罗马的干涉，使埃及免除了被叙利亚征服的命运，但他预
见到埃及和叙利亚之间会发生另一场战争，就好像罗马不会
干涉似的。他对埃及和叙利亚之间的冲突如此关注，以至于
他对下述事实几乎没有赋予多少重要性，那就是塞琉古君主
国仍然对伊朗抱着巨大兴趣（可是，见 8. 5）。所有这些限
制了他的视野。对于一个犹太观察者来说，他拥有必要的有
关塞琉古王朝与托勒密王朝关系的知识，所以在他的解释
中，他没有赋予马卡比运动任何重要性很典型。在 11. 34，
他好像间接提到了这一运动，"他们仆倒的时候，稍得扶助，
却有许多人用谄媚的话亲近他们"。在这里，作者把犹大及
其追随者视为"少许帮助"，甚至暗示，其中某些人的加入，

不是因为他们的信仰，而是因为错误的指望。《但以理书》肯定了希腊化派别的存在。第九章关于罪行的忏悔，尽管用的是传统语汇，但对那些在场的人来说，肯定是有意义的。*111* 9.27甚至间接提到了安条克四世与希腊化派别之间订立的协定（"他必与许多人坚定盟约，一七之半，他必使祭祀与供献止息"）。但是，《但以理书》正常的读者所得到的印象是：作者归于犹大·马卡比的重要性，并不超过希腊化派别的程度，他是在叙利亚和埃及斗争的背景中来看待耶路撒冷的，在他的眼里，目前的叙利亚和埃及之战的胜负概率是天启的，由于在最后的决战前夕，叙利亚，准确地说是安条克，污染了耶路撒冷的圣殿，将把胜利拱手让于埃及，但胜利随后很快会被移交给犹太人以及"末日审判"，"睡在尘埃中的，必有多人复醒。其中有得永生的，有受羞辱永远被憎恶的"（12.2）。

我们当然很难赞同这样一种看法，但我们必须强调的是，《但以理书》是唯一来自犹太人方面的同时代证据，它至少代表了约公元前164年，也就是圣殿再度得到祝圣、但尚不知安条克四世之死以前，一个犹太人对形势的思考。它不是一个为害怕和憎恨希腊化派的情绪所支配的人的看法，当时存在着外族的统治，和这种统治相伴随的是污染，可是污染已经结束，末日审判在望。必须承认，有关末日审判的神学是够模糊的，因为《但以理书》似乎并未准备让所有人复活。

《但以理书》告诉了我们某种东西，正是它激励了安条克的敌人面对战斗和牺牲，而且在这方面，它并不是孤立的。如果《埃塞俄比亚以诺书》的第九十章写于犹大·马卡比死前，那其中就包含着可资比较的信息。上帝亲自建立了新耶路撒冷，一个弥赛亚式的人物最终会出现，"羔羊成了巨兽，且头上长着巨大的黑角"。如果《僖年书》是在大约公元前 120 年写成的，那它也反映了当时人们对救世主的期待。虽然《马卡比传》上、下篇都失去了有关这场斗争的天启意义，但在《马卡比传》下篇"七子殉教"一节母亲的话中，肯定暗示了弥赛亚王国的重新来临："不要惧怕这个屠夫，欣然献出你的生命，证明自己不会给你的哥哥们丢脸，凭借上帝的仁慈，在复活之际，我还会把你同他们接到一起。"因此，《但以理书》所提供的，是对当时斗争进行天启式解释的最初暗示，在后世犹太人反对外族统治的斗争中，它则成了一个一般的特征。众所周知，弥赛亚曾在库斯庇乌斯·法杜斯［Cuspius Fadus］、安托尼乌斯·菲利克斯［Antonius Felix］任巴勒斯坦总督时出现过，约瑟福斯谴责这些弥赛亚说，他们假借在荒野中从上帝那里得到自由的启示，欺骗和引诱人民（Jos. *Ant. Jud.* 20. 97ff. and 20. 167 ff.; *Bell. Jud.* 2. 258 ff.）。库兰经卷有关光明与黑暗之子战争的叙述，无论其意图如何，写于何时，都是对政治形势进行此类天启式解释最典型的文献。大约写于公元 100 年左右的《以斯拉记》IV 中，在反对罗马的斗争中，同样包含着弥赛亚时代的看法。在第二圣殿被毁后，许多人期待会有一个弥赛亚。他们当中最伟大的人物是拉比阿克瓦［Rabbi Akiva］。

在哈德良时代的巴·科切巴〔Bar Kochba〕身上，阿克瓦看到了弥赛亚，尽管我们很有理由怀疑，巴·科切巴本人是否曾自称弥赛亚。巴·科切巴之后，拉比们很有理由怀疑犹太教中任何形式的天启式解释了。但现在我们可以看到，对历史的天启式解释，是公元前165年左右因与希腊人的对抗产生的。即使《马卡比传》下篇暗示了安条克四世活动真实的一面，强调了希腊化的犹太人的合作，它也远不是真理的全部。

但是，世界末日并不像人们期待的那样每次都会出现。犹太人必须面对现实世界，而这个世界，是希腊风俗盛行、罗马总督制定法律的世界。在企图调和古老的犹太风格的神权政治与基于希腊化模式的元首政治时，哈斯摩尼家族发现，他们面对着非同寻常的难题与矛盾。他们试图扩大自己的领土，如果要生存的话，扩张也许是必需的。但是，他们又感到无法承认异教徒为臣民，因此采取的是一种强迫皈依政策，而这种政策，最终将贫穷的、犹太化的以土买人希律推上了耶路撒冷王位。尽管公元前1世纪犹太宗教思想以对不同意见的宽容为特征，但政治与宗教领袖之间的冲突，尤其是法利赛派的信条，是血腥残忍的。外交角力需要有关希腊风俗的知识，遵守希腊人的规则。犹大·马卡比时代派到罗马的第一批使节中，似乎有历史学家优波勒莫斯。此人用希腊语写了一部犹太人的历史，坚称腓尼基人，因此还有希

5 从安条克三世到庞培时代的希腊人、犹太人和罗马人 **139**

腊人都是从摩西那里学到书写技术的（cf. I Mac. 8. 17）。

犹太人和斯巴达人之间的血缘关系不是由哈斯摩尼家族发明的。约公元前168年，大祭司耶逊被迫逃离耶路撒冷，他选择前往斯巴达，原因显然是斯巴达人和犹太人同宗的传说当时已经流行（II Mac. 5. 9）。但是，命运让哈斯摩尼家族利用这一传说来赢得政治上的尊重。斯巴达人毕竟是萨宾人的亲戚，而萨宾人曾经为罗马人提供了许多妻子，外加几个国王。《马卡比传》上篇引用了马卡比家族的耶逊致斯巴达人的一封信，这封信可能是真实的（12. 6），以及一封斯巴达人致耶逊继承者西门的信，而这封信肯定是真实的（14. 20）。斯巴达国王阿雷乌斯［Areus］致犹太人的信将这种血缘关系的发现定在公元前3世纪初，但它可能是伪造的，目的是为公元前2世纪的真实通信联系提供背景（cf. 12. 7）。

犹太人所以进行这些外交活动，目的只是为满足自己的需要，众所周知，《马卡比传》上篇中，有一段是整个古典世界对罗马最杰出的颂歌，它反映了一个普通人对于罗马从西班牙到小亚细亚的庞大势力所感到的畏惧，而且比波里比阿的作品反映的还要好（ch. 8）。它最初用希伯来文写成，因此，它不是给异教徒阅读的。但那些读过《马卡比传》上篇希腊语译本的异教徒们能从中看出什么意义呢？

从政治和经济组织上看，马卡比革命后，犹太人比以前更加希腊化了。但是，在巴勒斯坦占主导地位的各犹太派别中，都创造出了一种使希腊化仅停留在表层的生活方式，对律法的新的忠诚（无论是口传的还是成文的）、对宗教义务日益严格的规定、对神启智慧与人类脆弱性的关系的思考，以及那种间歇性的、但又是非常真实的期待弥赛亚时代降临造成的骚动，都延缓了外族风俗的冲击。希腊主义不再意味着致命的危险了。

需要注意的是，巴勒斯坦的犹太人把他们信仰的新力量传播给了那些没有参加马卡比革命，而且很可能对革命做出不利反应的犹太人。犹太精神生活的这一方面从来没有得到应有的注意。我以前曾经指出，自亚历山大以来，犹太教的统一已经遭到怀疑，但统一得到了细心的传教作品的维护。教士们编辑了经书，在实际生活中前往耶路撒冷朝圣。但是，在巴勒斯坦宣布独立后，解体的危险要严重得多。尽管如此，耶路撒冷仍设法保持了宗教中心的地位，它本来很可能是另一副面貌的。由于共同的语言，美索不达米¹¹⁵亚的犹太人仍然和巴勒斯坦的犹太人是一体的，尽管巴勒斯坦犹太人所说的阿拉美亚语肯定和美索不达米亚的犹太人所说的阿拉美亚语颇为不同。但是，美索不达米亚犹太人的强大传统是忠诚于塞琉古王朝，而巴勒斯坦的犹太人只是在公元前 200 年左右才成为叙利亚国家的一部分。塞琉古王朝乐于让美索不达米亚的犹太人当兵，而《马卡比传》下篇的作者认为，巴比伦尼亚的犹太人在敌人进攻其城市时，为保卫城市做出的贡献非常著名，以至于他认为无须特别点明其具体背景（8. 20）。美索不达米亚的犹太人没有参加马卡比起义，显然也没有受到起义的影响。几十年后，他们和美索不达米亚一起落入帕提亚统治下，与巴勒斯坦甚至更疏远了。对于帕提亚统治下第一个世纪犹太人的情况，资料奇怪地保持沉默，只有老普林尼打破沉默，告诉我们说，有一个叫扎查里亚斯·巴比伦尼恩西斯［Zachalias Babyloniensis］的人——他肯定是一个叫扎查里亚斯的犹太人，写过一本谈论宝石对人类命运影响的书，该书被献给米特拉达梯（父系高贵者？）［Mithridates（Eupator？）］，这本书肯定是用希腊语写的（*N.H.* 37. 60. 169）。可是，其中的一个细节足以表明，巴比伦尼亚的犹太人并未离开。约公元前 30 年，一个来自巴比伦的贫穷的年轻人给耶路撒冷的伟大拉比们留下了印象。根据《塔木德》的叙述，阿布塔利昂［Abtalion］和舍玛雅［Shemayah］彼此互称"即使在安息日为他犯戒也是值得的（b. Yoma 35b）"。他就是希勒尔［Hillel］，如《塔木德》在另一个地方所说，像以斯拉一样来自巴比伦，重建了托拉。

埃及犹太人给我们提出的问题更严肃，他们说着一种不同的语言，有自己的《圣经》，而且对它的思考与他人不同。约公元前 160 年，他们中间出现了一个富有独创精神的思想家阿里斯托布鲁斯，他对《圣经》进行寓意化的解释，从而为斐洛铺平了道路。难以理解的是为什么亚历山大里亚的克莱门特［Clemens Alexandrinus］会把他视为一个逍遥学派的人（*Strom.* 1. 72. 4），但重要的也许是：他应该归属于一个哲学派别，因为对于公元前 2 世纪的犹太人来说，这颇不寻常。阿里斯托布鲁斯引用希腊作家的作品——不管是伪造的还是真实的——来支持《圣经》的真理性以及希腊人依赖于犹太智慧的观点。他特别论证道，柏拉图很可能了解托拉，因为有一个比在托勒密二世支持下翻译的本子更古老的译本。可是，阿里斯托布鲁斯也是第一个使下述传统具有权威性的人，那就是《七十子圣经》是托勒密二世及其顾问法列隆的德米特里乌斯倡导翻译的。几乎可以肯定的是，阿里斯托布鲁斯是那本献给托勒密六世的书的作者。该书早于《阿里斯提亚斯书信》，事实上可能为它提供了灵感。

《阿里斯提亚斯书信》及其绝对肯定的《七十子圣经》的价值，当然是埃及犹太人在宗教生活中独立程度的另一标志。我一直认为，《阿里斯提亚斯书信》根本不应作为节日圣书被对待——像《以斯帖记》那样的某种东西，亚历山大里亚的犹太人每年那一天聚集在会堂中会诵读它来纪念其翻译活动（我们从斐洛的记载中知道）（*De vita Mosis* 2. 41）。抛开其他的反对意见不谈，单是书信的长度，就不是为此用途设计的。如阿里斯托布鲁斯和伪阿里斯提亚斯都表明的，亚历山大里亚的犹太人绝对忠诚于托勒密诸王，并表现出某种埃及人的爱国主义。我们还知道，公元前 2 世纪另一个犹太人埃及史家阿尔塔帕努斯［Artapanus］将摩西作为埃及动物崇拜的创始者（Eus. *Praep. Evang.* 9. 27. 4）。这条记载曾经让 19 世纪那些非常让人尊敬的学者如弗劳登塔尔［J. Freudenthal］（*Alexander Polyhistor*，143–74）和冯·戈特施密特［A. von Gutschmid］（*Kl. Schriften* II，184）非常痛苦，以至于他们相信，它只可能来自一个即将变成异教徒的犹太人。

另一篇典型的大有这种埃及自我中心味道的犹太教文献，可能是我们在《约瑟与亚西纳》（*Joseph and Aseneth*）中看到的一个故事。这个故事最初是用希腊语写成的，在古典时代后期到中世纪使用各种《圣经》通俗译本（包括埃塞俄比亚文、亚美尼亚文、古斯拉夫文和中世纪英语）的基督教徒中，它非常受欢迎，近代古典学者把它忘记了。但在最近 20 年里，它又流行起来，至少在秘教的圈子里如此。古典学者突然发现，《约瑟与亚西纳》可能是现存最早的希腊小说，研究《新约》的学者们认为，它和《最后的晚餐》问题有关。从更一般的层面上说，那些寻找象征的人，得到了一篇可根据他们自己的需要进行解释的新文献。这本书的特点和它的年代实在是密不可分，但我首先应该说明的是，我和多数人的意见一致，认为这篇希腊文献的作者是犹太人，但不是基督教徒。由于少数派中有埃里克·帕特逊［Erik Peterson］和亚瑟·达尔比·诺克［Arthur Darby Nock］这样的人，因此我们必须小心论证。但是，借用诺克的阐述（*Essays* II, 900 n. 14; cf. E. Peterson, *Enciclopedia Cattolica*, s.v. Aseneth），可以说他们中的任何一位都不曾在缺少犹太模式的情况下，证明它是基督徒的作品。一个明白的事实仍然是：该书说的是一个埃及女孩皈依犹太教的故事，它所有的神学和情节，都是毫无疑问的犹太 – 希腊化式的。在通行的《圣经》中，《创世记》让我们对神秘的亚西纳感到好奇。她是安城（赫里奥波里斯）祭司波提菲拉［Pothiphera］的女儿，被法老赐与约瑟为妻，给他生了两个儿子，一为玛拿西［Manasseh］，一为以法莲［Ephraim］（41.45；41.50—52）。亚西纳美到什么程度？约瑟为什么要与一个异教徒结婚？对一个希望重申犹太人和埃及拥有古老关系、同时又想让其邻居改变信仰的犹太人来说，这是一个理想的出发点。亚西纳被描绘成一个极端美丽的女子，在一种最为浪漫的环境中，变成了犹太教徒。在但［Dan］和迦得［Gad］的帮助下，法老的儿子企图强奸她，当然，阴谋（犹太人和埃及人在这个阴谋中都遭到同样的谴责）被发现了。法老的儿子几乎被误杀，而约瑟从法老那里得到了王冠。

如基尔帕特里克［G. D. Kilpatrick］在一篇富于开创性的文章中指出的，该书把犹太教描述成一种神秘的宗教［*Expository Times*, vol. 64（October 1952），4-8］。由于分解了一个神奇的蜂窝——明显是《圣经》式的神赐之物，亚西纳被引入了犹太教。改宗并不需要接受浸入水中那样的洗礼。在《密西纳》中，入教需要接受这种洗礼，沙马伊［Shammai］和希勒尔在有关洗礼细节上产生过分歧，也就是说，是在公元 1 世纪（G. F. Moore, *Judaism* III, 109）。这里既没有提到外国的统治，也没有提到基督教徒，整个的背景属于公元前 2 世纪和前 1 世纪。当时，犹太人感到自己在埃及人的领土上已经深深扎下根来，而且强大有力。该书的语言与《七十子圣经》接近，证明我们的印象是正确的。

当时，埃及犹太教的各种强烈特征，发展为宗教分离主义的必要条件都已具备，他们实际上也进行了某种形式的此类尝试，因为大祭司奥尼亚——也可能是他儿子——逃到埃及后，在列昂托波里斯建立了一座神庙，意欲与耶路撒冷竞争。总体上看，这次分离失败了。悖论在于，神庙的巴勒斯坦起源可能限制了它对埃及犹太人的吸引力。神庙一直存在下来，直到公元73年才被罗马关闭，但它没有造成什么麻烦。无论如何，巴勒斯坦的犹太人灵活地保持并加强了自己与埃及犹太人的联系，将他们的作品送到埃及，而且确保了在犹太建立的新节日得到接受。对于在犹太本土出现的宗教分歧所采取的相对宽容态度，可能有助于他们在埃及的工作。《西拜尔圣书》的第三卷，即使不是更晚，那也是在公元前1世纪末才把本属此前150年的材料集中到一起编成的，所以要对其进行分析存在困难。但我认为，其中可能有某些部分出自一个亚历山大里亚犹太人的手笔，他支持约公元前160年到前150年的马卡比起义。

在构成《马卡比传》下篇的两封书信中，我们可以看到巴勒斯坦犹太人使用的各种方法的范例。《马卡比传》下篇本身可能就是以埃及人为读者创作的，把《马卡比传》上篇译成希腊语，肯定也是出于同样的动机。我们还看到，另外一些文献也被译成希腊语，并从巴勒斯坦传播到埃及。《便西拉智训》是公元前132年以后由便西拉的孙子译成希腊语的，《以斯帖记》是由吕西马库斯［Lysimachus］翻译的，而且有增补。此人是耶路撒冷的托勒密［Ptolemy of Jerusalem］的儿子，其工作是在托勒密和克利奥帕特拉统治的第四年完成的，也就是说，可能是公元前78或77年。

阿里斯提亚斯的书信证实了巴勒斯坦犹太人在埃及具有的声望，因为它把《七十子圣经》描述成巴勒斯坦犹太人的作品，而且包含着对耶路撒冷城及其圣殿的理想化描写。新近发现的《圣殿经卷》有可能对阿里斯提亚斯书信的这一方面提供新的线索。当然，要进行评论，我们只能等待伊戈尔·雅丁［Yigael Yadin］教授公布经卷。但是，他本人在进行初步探讨的文章中告诉我们的内容表明，经卷描绘了完美的圣殿和犹太人根据上帝旨意进行完美管理的蓝图，而上帝是用第一人称发言的［*C.R. Acad. Inscript.*（1967），607—19］。据说该文献属于公元前2世纪或者前1世纪，所以，它是阿里斯提亚斯对耶路撒冷所做的理想化、希腊化描绘的希伯来语版本。根据目前我们了解的情况，如果认为《圣殿经卷》是对那种希腊化犹太生活方式（如《阿里斯提亚斯书信》所描述的）的反应，或者把《阿里斯提亚斯书信》视为《圣殿经卷》那样的希伯来宗派文献的希腊化版本，都同样是可能的。

由于避免了犹太教的破裂，特别是与埃及犹太人的分离，巴勒斯坦的犹太人得以继续在与周围希腊文化的交流中保持开放状态。在维护巴勒斯坦犹太人自己的遗产、对抗全盘希腊化的斗争中，他们所取得的新经验，对那些用希腊语写成的犹太人作品也产生了有益的影响。公元前后各一个世纪犹太–希腊化的作品中，都比前一个世纪的护教作品更有尊严和深度。浅薄的历史伪造不再是最重要的文艺作品了，《圣经》（如我们在阿里斯托布鲁斯的作品中第一次看到的）得到更严肃的对待。为此，我们还不能把为犹太教写作的与为基督教写作的作品如圣保罗的书信分割开来。对某些最优秀的作品如《所罗门智训》《所罗门诗篇》［Psalms of Solomon］以及《摩西升天》［the Assumption of Moses］来说，这恰是它们的特点，确定它们最初是希伯来语的还是希腊语的，都是问题。

VI

可是，在一个方面，而且是我要谈的最后一个方面，在后马卡比时代犹太文化中保持的希腊化因素，其结果是灾难性的。像希腊化世界的所有其他成员一样，对于罗马人，犹太人了解得太少，而且太晚。从《马卡比传》上篇对罗马人的赞美中，我们发现他们对罗马政制中哪怕是最明显的细节，都出现了严重的认识上的偏差。《马卡比传》上篇似乎相信，罗马人是由一名一年一任的官员管理的，元老院每天开会，在罗马没有任何派别纷争。《光明之子与黑暗之子的战争》说明，犹太人对罗马的军队及其战术肯定有所了解，但是，即使有雅丁教授优秀的注释帮忙（Oxford, 1962），我们也难以确定，古卷的作者是否理解罗马人的战争。可以确定的是，古卷属于公元1世纪。

犹太人对拉丁语的无知程度，肯定超过罗马人对希伯来语无知的程度。但公元前1世纪的罗马人对犹太人给予了极大关注。如我们在凯尔特人问题上看到的，而且在伊朗人问题上我们将会看到，他们得到了希腊化世界学者的帮助。庞培时代罗马读者拥有的关于犹太教的权威阐释，肯定是波斯多尼乌斯关于犹太人的专题论述。波斯多尼乌斯报道的，是流传在塞琉古王朝圈子中反犹太人的故事，而且对当时犹太人的评价显然不高。但是，从迪奥多罗斯和斯特拉波所保存的、肯定来自波斯多尼乌斯作品的内容看，他对摩西本人、他的立法及其追随者抱有健康的尊重态度。我们没有任何理由如诺克谨慎建议的那样（*Essays* II，860-6），把斯特拉波作品中关于犹太人的部分归于犹太来源。波斯多尼乌斯似乎把他对犹太人非偶像崇拜的一神教的尊重传给了瓦罗（August. *De civ. dei* 4. 31），在这个问题上，瓦罗的态度是明确的。另一方面，罗马人也一直倾听着某些对犹太人的猛烈攻击，代表性的作品是阿波罗尼乌斯·摩隆的《反对犹太人》。在这方面，此人显然是先行者（Jos. *c. Apion*. 2. 79；145-8；Eus. *Praep. Ev.* 9. 19）。摩隆是驻罗马的使节，将其情绪和某些观点传给了他的学生西塞罗。公元 1 世纪其他异教作家对犹太人的立场，我们无法确定。库济科斯的图策尔［Teucer of Cyzicus］就是这种情况。他写有六卷的犹太历史以及关于爱父者米特拉达梯的一些作品（274 T I Jacoby），可我们不清楚他究竟是一个亲罗马派的，还是反罗马派的作家。

但在那些写作犹太教作品的异教徒中，最博学的是米利都人亚历山大·波吕西斯托尔［Alexander Polyhistor］，其立场也毫无疑问。他是一个奴隶，也许是一个战俘，苏拉给了他自由。他长期在罗马工作，在其他博学式著作之外，还编写了大部头的有关近东国家的历史著作。比较明确的是，他得到了其罗马保护者的鼓励，把那些受到苏拉及其继承者影响、可供罗马征服的新国家的资料汇集起来。他编写的关于犹太人的资料广泛利用了用希腊语写成的犹太人和撒马利亚人的资料摘编，就可以核实的资料来说，似乎还具有令人钦佩的客观性，基督教的作家很欣赏它。我们不清楚那消灭了叙利亚王国、并把犹太变成了一个罗马藩属国的罗马人是否读过它，但庞培是知道如何利用犹太人的派别斗争、风俗和禁忌的。因为他已经取得了有关资料。

西塞罗称犹太人是一个"天生具有奴性的民族"［natio nata servituti］，实际上，他是在重复阿波罗尼乌斯·摩隆的结论（Joseph. *c. Apionem* 2. 148）。犹太人抵抗庞培、捍卫圣殿的行动，已经证明这一结论的错误。但是，罗马文化政策的成功，使西塞罗的谎言获得了某种程度的支持。

6 伊朗人和希腊人

"谈论这类事情，应该是冬天吃饱饭后，靠在火边的软椅上，喝着甜美的葡萄酒，嚼着鸡豆时进行，例如，'好人，您是谁？来自何处？您多大年纪了？米底人来时，您多大了？'"（Xenophanes，fr. 18 Diehl=22 Edmonds）对科洛丰的色诺芬尼［Xenophanes of Colophon］来说，米底人到达小亚细亚是一个新的起点。约公元前 545 年，米底人哈尔帕哥斯［Harpagus］代表波斯人居鲁士征服了伊奥尼亚。由于这一事件，他本人还是年轻人时就离开了自己的祖国。约公元前 472 年，当他 92 岁高龄时，他仍活着。波斯对吕底亚的征服，以这种或者那种形式，把小亚细亚的希腊人都卷了进来。希腊人已经与亚述人交过手，而且与埃及人也有麻烦，但他们还从来没有在一个大帝国中生活过，至少是在已经被他们忘得一干二净的赫梯帝国之后如此。吕底亚的统治还容易接受，因为她很快就被希腊人的文化统治了——她向希腊的商人、艺术家、士兵与神谕开放了。对希腊人来说，就像对犹太人一样，居鲁士是一个划时代的人物，只是理由不同。

比较语文学家希望我们把希腊人与伊朗人之间的接触回溯到更早的时期。E. 本维尼斯特 [E. Benveniste] 曾论证说，公元前 10 世纪以后，Māda 和 Pārsa 在希腊语中不可能变成 Mēdos 和 Pĕrsēs，那时把原始希腊语的 ā 转变成伊奥尼亚语的 ē，以及在一组辅音之前把原来的长 ē 缩短的做法，已经不实行了 [La Persia e il mondo greco-romano, Atti del Convegno Acc. Lincei 1965 (1966), 479–85]。通过玫瑰即 rhodon 这个词，我们可以把伊朗人和希腊人的关系追溯到更早的时期。这个词很受荷马喜爱，因为他把"有玫瑰红手指的朝霞"（ῥοδοδάκτυλος Ἠώς）作为一个令人尊敬的程式化短语。据说玫瑰是青铜时代来自伊朗的一份礼物。

由于对公元前 6 世纪以前希腊和伊朗之间的关系一无所知，那个可怜的历史学家只能做报道。在理解为什么到公元前 5 世纪亲米底 [medism] 意味着是波斯的同情者时，他已经遇到了一些困难，因为那时米底人成为波斯人的臣民至少已经 60 年了。我们也许会想到斯特拉波的评论（15. 3. 23, p. 735）："在所有的蛮族中，波斯人在希腊人中名气最大，因为任何统治过亚洲的其他统治者都不曾统治过希腊人，这些民族也不熟悉希腊人，希腊人也不了解这些外族人，仅仅在短时间里有过道听途说而已。无论如何，荷马既不知道叙利亚人的帝国，也不知道米底人的帝国，否则，既然他提到了埃及的底比斯，而且谈到了那里和腓尼基的财富，他不会略过巴比伦、尼努斯和埃克巴坦那的财富而保持

沉默。"（trans. H. L. Jones，Loeb）

从波斯约公元前546年征服吕底亚到约公元前500年伊奥尼亚人反波斯起义之间发生的一系列事件，肯定塞满了小亚细亚每一个希腊人、可能还有其他希腊人的大脑。在几年中间，一个他们以前几乎一无所知的民族占领了巴比伦尼亚；卷入了一场不成功的、和遥远东方的一个神话式女王的战争（以居鲁士战死告终）；而且占领了埃及。冈比西斯［Cambyses］以不虔敬知名，祆教僧侣发动了暴动，而关于他们的领袖，人们讲述着奇怪的故事。最后，那个在反对祆教僧侣中胜出的大流士［Darius］，让他的军队陷入了另一场野心过大的战争中——进攻俄罗斯南部的西徐亚人，从而陷入了危险。不过，他后来再度崛起，声誉几乎不曾受到影响。

在波斯国家扩张的过程中，希腊人实际上很快在各个层面上参与了。据希腊化时代的一个历史学家——库济科斯的阿加托克勒斯［Agathocles of Cyzicus］记载，居鲁士大帝曾经把几个小亚细亚的希腊人城市赐给其朋友库济科斯的皮塔库斯［Pytharchus of Cyzicus］，后来它成了阿塔薛西斯送给地米斯托克利礼物的先例（472 F 6 Jacoby）。作为色雷斯的克尔松内索斯的统治者，雅典人米太雅德［Miltiades］发现他自己成了波斯大王的藩臣。在远征西徐亚人的战争中，他成了一名希腊分队的指挥官，而那些由波斯人在伊奥尼亚城市中扶植的僭主们，地位当然是一样的。波利克拉特斯［Polycrates］僭主政治的垮台以及随后波斯对该岛的统治，意味着公元前 6 世纪希腊精神生活最辉煌的中心之一的终结，同时清楚地表明，爱琴海已经成为波斯人影响的地区。卡里安达的斯库拉克斯［Scylax of Caryanda］可能是希腊人，也可能是半个希腊人，是用希腊语写作的海军舰长，他受命探航印度河以及从印度河河口到苏伊士的海路。在帕塞加戴、苏撒和帕赛波里斯，希腊的建筑师、雕刻家和石匠从事着建筑工作。尽管有关的细节不那么确定，尽管关于希腊人在这些作品中所做的贡献，人们的估价有主观因素，但他们的参与是肯定的［G. Gullini, *La Parola del Passato* 142–4（1972），13–39］。乔万尼·普格利西·卡拉特利［Giovanni Pugliese Carratelli］最近公布了一篇铭文，铭文属于公元前 6 世纪末，来自一个为建造帕赛波里斯开发的采石场。铭文称：Πυθάρχο εἰμί，意思是"我属于皮塔库斯"［*East and West* 16（1966），31–2］。皮塔库斯很可能是一个希腊人中的建筑承包商。如普格利西·卡拉特利谨慎指出的，皮塔库斯和那个居鲁士的库济科斯人朋友同一个名字，也许纯属偶然。这个皮塔库斯本人或者是其家庭可能已经参与到帕赛波里斯的建筑生意中来，但似乎很快就和属下发生了矛盾。大流士时代，希腊人可能还帮助把建筑材料转运到苏撒，尽管我不太赞同 S. 马扎里诺［S. Mazzarino］大胆的假设，他认为伊奥尼亚人，更准确地说是米利都人，经常性地负责从巴比伦到苏撒的海运工作（*La Persia e il mondo greco-romano*，75–83）。从这些与伊朗建筑和风景的早期接触中，希腊人可能把 paradeisos 这个词带回了希腊，用以表示狩猎园林或者领地。

没有任何波斯人自己写的王家编年史保存下来。希腊式的私人著述的历史，在波斯似乎是不存在的，至少没有留下任何直接或者间接的资料。波斯教育中的三个方面——马术、箭术和说真话，不利于史学家的形成，所以我们称为波斯传统的东西，很大程度上是波斯的敌人或者臣民留下的传统。但即使就我们了解的希腊对波斯的反应而言，也存在严重的局限。几乎没有任何伊奥尼亚人起义以前的资料保存下来。实际上，流传到今天的文献反映的是一种完全不同的形势：波斯在军事上弱于希腊，而且已经在马拉松和撒拉米斯吃了败仗。斯库拉克斯、大概还有米利都的赫卡泰俄斯可能写于公元前 500 年以前的作品，已经失传了；我们也不清楚弗瑞尼库斯［Phrynichus］在他以米利都的陷落为题的悲剧中说了些什么。该剧是在马拉松战役前上演的，所以对希腊人来说，那时属于他们非常低潮的时期。

当然，正是在公元前550年到前500年间，波斯宗教思想影响到希腊哲学的开始仍是可能的，当时希腊尚无任何人怀疑，或者说似乎怀疑这个新的统治力量。那些坚持认为叙罗斯的菲瑞库德斯［Pherecydes of Syros］、阿那克西曼德、赫拉克利特［Heraclitus］，甚至恩培多克勒［Empedocles］从波斯那里获得了他们的某些原理的人，并不总能意识到，当时的政治形势有利于此类接触，但 M. L. 威斯特［M. L. West］教授——希腊哲学源于伊朗说最近的支持者——不属此列。他肯定清楚地知道，如果说有那么一个时期，使袄教僧侣能够把他们的理论输出到愿意倾听的希腊世界，那就是公元前 6 世纪后半期。用伊朗的影响来解释希腊早期哲学的某些特征，肯定是诱人的。菲瑞库德斯突然把时间［Time］提升到原初神的地位、赫拉克利特把火等同于正义、阿那克西曼德的天文学认为星星离地球比离月球近，所有这些以及其他一些观念，立刻让我们想起被教导的关于琐罗亚斯德的观念，无论如何它们是波斯的，最起码也是东方的观念。

可是，对于阿黑门尼德帝国时代的琐罗亚斯德教，我们对它甚至比对前苏格拉底思想的了解更少。有些时候，为了确立前苏格拉底思想家对袄教僧侣，甚至是对作为一个类型的东方思想的依赖关系，我们必须挤压资料。由于 I. 格尔舍维奇［I. Gershevitch］博士的努力，我们现在可以确信，作为时间之神，佐尔文［Zurvān］到公元前 6 世纪末已经存在［*Studia classica et orientalia A. Pagliaro oblate* ii（1969），197；*Trans. Philol. Soc.*（1969）165–200］。但我仍希望看到准确的、与菲瑞库德斯开篇第一句话对应的文字："宙斯［Zas］和克罗诺斯［Chronos］一直存在着，奇同尼［Chthonie］也如此，当宙斯把大地作为礼物送给她时，她得到了该［Ge］这一名字。"（Diels-Kranz[6]，7 fr. I）

一个简单的考虑，让我对那种搜寻希腊思想的琐罗亚斯德起源的游戏感到疑虑。即使对前苏格拉底思想了解不多，我们也至少知道，古代的读者已经发现，他们相互之间有很大不同。如果他们真是从袄教僧侣那里得到灵感，那提出的问题与结论就不应该有那么多不同。就我们所知，在最初的希腊哲学家后面，并无共同的宗教灵感存在。当人们更加强调影响时，如我们在叙罗斯的菲瑞库德斯那里看到的，神话学的和宇宙发生学的交叉就更明显。亚里士多德已经做*128*出了结论："至于那些全不用神话语调的人们，例如菲瑞库德斯与某些人，就合并了善和美而以'至善'为原始的创造者，袄教僧侣与较晚出的先哲们亦复如是。"(*Metaph.* 14. 1091 b 8)当然，如果菲瑞库德斯的父亲有一个"巴布斯"那样的外族名字，也许很有意义。但是，在可以确定的事物中，没有任何东西是重要的，甚至那伪造的大流士邀请赫拉克利特去波斯宫廷的书信也如此。不久前，还有人把艾利安［Aelian］《历史杂谈》(*Var. Hist.*)第十二卷第 32 节有关毕达哥拉斯穿裤子的记载，作为他与伊朗有关系的证据［W. Burkert，*Weisheit und Wissenschaft*(1962)，135；178 n. 18］。

我想用一个提醒式的故事来结束本节。1923 年，阿尔布莱西特·格茨［Albrecht Götze］发表了他的著名论文《希腊思想中的波斯智慧》(Persische Weisheit in griechischem Gewande，in *Zeitschrift für Indologie und Iranistik* 2，60 ff.)。在那篇文章中，我们终于找到了一条伊朗原则来到希腊的可靠证据。在希波克拉底［Hippocrates］的论文《七日奥论》(*De hebdomadibus*)——该文 1853 年首次以破损严重的拉丁语版本公布——中，他提出了人体各部分与整个世界的各个部分对应的理论。格茨指出，在公元 9 世纪琐罗亚斯德教的宇宙论著作《大元始经》(*Greater Bundahishn*)中，也有这种理论，而它据说可以一直回溯到《阿维斯塔》失传的部分。格茨认为，希波克拉底的作品是"希腊作品中一个独特的板块"，因为它来自伊朗。很自然地，R. 莱森斯坦因［R. Reitzenstein］认为，这证实了他本人关于希腊宇宙论源自伊朗的理论［*Studien zum antiken Synkretismus*（1926），119 ff.］；而且所有人几乎都为此感到高兴。30 年后，J. 多奇内 - 桂列美［J. Duchesne-Guillemin］教授在《哈佛神学评论》第 49 卷（1956）第 115 页以下的论证中，揭示了格茨整个论证的弱点，潮流因此改变，而且几乎又都使每个人感到高兴。1962 年，健在的伊朗学家中最伟大的学者之一，R. N. 弗赖［R. N. Frye］同样在《哈佛神学评论》上明确宣布，随着《七日奥论》证据的消失，亚历山大以前伊朗曾经影响希腊思想的理论，已经荡然无存（55，261-8）。1965 年，林赛科学院成功组织了一次关于"波斯与古典世界"［*La Persia e il mondogreco-romano*］的研讨会，"时代精神"［*Zeitgeist*］又转向了。如我们可以在已经发表的该会议的论文集中看到的那样，多奇内 - 桂列美正式收回了他对格茨的批评。他现在认为，两者间的重合不可能是偶然的，公元前 5 世纪到前 4 世纪，一个在波斯开业的希腊医生已经把波斯理论带回了希腊。但是，1971 年，M. L. 威斯特在对《七日奥论》进行透彻分析后（*Classical Quarterly* 65，365-88），再度对东方曾对其产生直接影响的观点表示了怀疑。他声称，"世界和人体形式对应的基本观念……很可能在公元前 6 世纪就已经从东方来到了希腊。但是，在那以后，独立发展似乎足以解

释这一现象"。（p. 387）

II

希腊人取得对波斯人的胜利后，人们曾对希腊人军事优势的原因进行过大量思考。一种占统治地位的解释将胜利归于希腊人的热爱自由，而它反过来又提出了希腊人的自救、勇气、行动独立等是源自气候还是制度，或者是社会因素的问题。希腊的诗人、哲学家和历史学家都思考过这些问题，他们的结论（如我们在埃斯库罗斯的《波斯人》、希罗多德的作品和希波克拉底派的《空气、水和地区》中看到的），成了希腊新兴民族志学的主要文献。更单纯的解释当时明显也在流传，而且在我们的资料中留下了某些痕迹，例如，地米斯托克利的诡计，波斯大王的轻信，关于这一点，埃斯库罗斯很可能认为是真实的，所以值得提起（355 ff.）。即使克特西亚斯［Ctesias］著名的年代学错误——把普拉提亚战役放在撒拉米斯战役之前（*Persic*. 25）——不是另外一个意在简化战争过程的民间版本，我也不会感到惊奇，因为在温泉关之战和撒拉米斯战役之间，在比奥提亚人的领土上进行一次战役，会剥夺雅典人海军成就的许多光辉。由于克特西亚斯完全对希腊人的自由理念漠不关心，他也许还是个亲斯巴达分子，所以对于接受这种版本的解释并不感到困难。但即使是埃斯库罗斯和希罗多德的反思，也不都完全集中在热爱自由的希腊人和富于奴性的波斯人之间的对立上。如埃斯库罗斯所说，亚细亚和欧罗巴毕竟是姊妹。我们有充分的理由认为，ll. 185-6 的帕尔撒［Persae］姐妹分别代表波斯和希腊，大流士花瓶［公元前 4 世纪后期，见 C. Anti, *Archeol. Class.* 4（1952），24-45］上的两个年轻妇女亚细亚和希腊也支持了这一结论。在埃斯库罗斯的作品中，大流士是用具有普遍性的话语思考的，他没有将失败的原因归于希腊人的优越性，而归于超越命限。他呼吁克制傲慢［hybris］，在我们看来，这是非常希腊式的做法。但对埃斯库罗斯和希罗多德来说，它是客观真实，因此，任何理智的人都会明白，不管他是不是希腊人。在埃斯库罗斯笔下，无论波斯人被表现得如何过分，他们都还不像《乞援人》中的埃及人那样，表现得像彻头彻尾的外族。希罗多德甚至比埃斯库罗斯更强调这一点，他尊重波斯人，认为他们能够像希腊人一样思考。当他记载薛西斯对李奥尼达［Leonidas］的尸体做出的暴怒行为时，他强调那是例外，"因为在我所知道的一切人当中，波斯人在习惯上是最尊重勇武的战士"（7.238）。他相信，吕底亚人和希腊人是因为自己的挑衅行为而招致波斯人的愤怒，他对伊奥尼亚人的不抱同情尽人皆知。希腊人的胜利，尤其是雅典人的勇气，迫使他承认在希腊人和波斯人之间存在着深刻的差异。关心伊色格瑞

131 亚［isegoria］——言论自由上的平等，感觉自己像一个自由人而非奴隶——是有益的："权利的平等，不是在一个例子，而是在许多例子上，证明本身是一件绝好的事情。"（5.78）但是，他的思考本质上致力于波斯人和希腊人之间的相互理解。波斯人的智者曾讥讽地评论说，为了一个女人被强

奸而发动复仇战争，希腊人真是愚蠢，这里说的是特洛伊战争（1.4），而希罗多德显然对这个评论是认同的。希罗多德尖锐地指出，波斯人是能够像任何受过良好训练的希腊智者一样，讨论君主制、寡头制和民主制度相对优点的（3.80-2）。"当马尔多尼奥斯［Mardonius］沿着亚细亚的海岸航行到伊奥尼亚的时候，他做了这样一件事情，我把这件事情记下来，是为了使不相信七人当中的欧塔涅斯［Otanes］曾宣布说波斯最好的统治形式应当是民主政体的那些希腊人大吃一惊。"（6.43）对于希罗多德能够把如此希腊式的观念归于波斯人，近代学者吃惊的程度不亚于希罗多德讲座的听众。但即使是一个拥有像 K. 莱因哈特［K. Reinhardt］那样精细的耳朵的人，也无法把真实的波斯人的故事和希腊人归之于波斯人的故事区别开来［'Herodots Persergeschichten' in *Verm-ächtnis der Antike*, 2nd ed.（1966），133–74］。粗略的区分标准，有时比精细的文学分析更为有用。A. 德曼特［A. Demandt］最近注意到，在波斯的纪念物上，国王的耳朵是裸露的，而在希腊人的图像中，波斯国王的耳朵被覆盖起来了。因此，希罗多德关于帕伊杜美［Phaidymia］的故事，只有在希腊的图像学传统中才能理解。这个故事说，帕伊杜美冒着生命危险，发现假司美尔迪斯［Pseudo-Smerdis］的耳朵是受过伤害的，从而揭穿了假司美尔迪斯的身份［*Iranica Antiqua* 9（1972），94–101］。对于那些（包括我自己在内）认为希罗多德的这个故事是典型东方故事的人来说，这个结论让人不安。然而，希罗多德本人是不会因为德曼特教授图像学的专

业知识而感到不安的，因为他喜欢某种程度的混淆，他报道
说，在大流士入侵的最后阶段，由于伊奥尼亚人拒绝与西徐
132 亚人共同行动，从而拯救了波斯帝国。他补充说，西徐亚人
把伊奥尼亚人定义为"最忠实于主人，而且最喜欢追随其主
人的奴隶"（4.142）。希罗多德著作的末章让我们想起居鲁
士大帝提出的选择："住在贫穷的土地上做统治者，行使统
治权力，而不愿住在富饶的土地上，做其他人的奴隶。"（9.
122）它意在提醒读者记住戴玛拉托斯［Demaratus］对薛西
斯的解释：希腊人是怎样在以贫困为伴的情况下，获得美德
和智慧，因此得以避免遭受专制统治的（7.102）。尽管希腊
人的胜利值得纪念，但波斯帝国不仅继续存在，而且保持着
道德力量。对此，希罗多德感到，他需要提出解释。

III

公元前411年到前336年，波斯对希腊施加的压力，远
比雅典掌握海上霸权时大得多。波斯人重新控制了小亚细亚
的希腊人，而且支持希腊本土任何看起来合适的城邦或者党
派。马其顿的腓力二世［Philip II of Macedonia］显然模仿了
波斯的管理和军事机器，努力把他继承来的父权君主国转变
成为一个大国。这个大国的领土从色雷斯延伸到色萨利，统
治着希腊的很大一部分。在马其顿将军［strategos］统治下
的色雷斯，看起来就像一个波斯总督区；尽管卡狄亚的优美
涅斯［Eumenes of Cardia］是一个正宗的希腊人，但他按照
波斯的方式组织马其顿辖区。阿里安明确指出，腓力是根据

波斯的模式组织其贵族近卫军的，因为他们像东方的同道一样，要帮助国王用波斯方式（τὸν περσικὸν τρόπον）上马（*Anab.* 4. 13. 1）。无论它们的起源相距多么遥远，国王的战友，严格意义上的朋友［hetairoi］，和波斯国王的朋友是相似的。

可是，我们几乎没有多少证据，说明公元前 4 世纪有任何希腊人对波斯帝国的制度进行过深入分析。对我们来说，最大的问题是克特西亚斯。他不仅写过关于波斯和印度一般情况的著作，而且写有一部地理著作，一部《周航记》（*periplous*），以及一篇关于亚洲贡赋的专题论文。最后两部作品已经失传，关于波斯和印度的著作，仅有拜占庭时代的摘要流传至今。可是，间接的传统相当多，例如，迪奥多罗斯和普鲁塔克都曾多处借鉴克特西亚斯。我们必须承认，其中多有可疑之处，但是现在能把握的令人失望。《波斯志》中充满了宫廷阴谋，而且即使是这些，也不可靠。没有任何证据表明，克特西亚斯像希罗多德已经做过的那样，去理解他那个时代的波斯人。克特西亚斯不及希罗多德的程度，就好像在写有关波斯题材的喜剧作品时，当时的提摩特乌斯［Timotheus］比埃斯库罗斯要差一样。请注意，提摩特乌斯的《波斯人》（*Persae*）表明，他具有政治雄心，希望讨好斯巴达，因此，克特西亚斯被普鲁塔克称为亲拉哥尼亚者［philolakon］（*Artax.* 13. 4）。

色诺芬［Xenophon］曾以尊敬的方式援引过克特西亚斯的作品（*Anab.* 1. 8. 26–7），但对他那个时代的波斯社会并

133

无多少兴趣，虽然在与小居鲁士共同战斗时，他有充分的机会进行观察。当然，色诺芬能够告诉我们，克里特人弓箭的射程比波斯人短（*Anab*. 3. 3. 7），而且以地理学家惯常的方式注意到他穿过的那些村庄的细节："很多上好的房舍，充足的供应，居民们有大量的酒，多至储藏在封闭的水池里。"（4. 2. 23）他对小居鲁士的刻画，不可避免地会包含某些波斯宫廷生活的真实细节（1. 9）。但是，在刻画小居鲁士时，他已经具有理想化倾向，模糊了某些特定的波斯特征，而这后来成为其《居鲁士的教育》的特点。众所周知，色诺芬实际上把《远征记》中的许多小人物都搬到《居鲁士的教育》中去了。至于《居鲁士的教育》中的某些细节是否可以解释成波斯传说，尽管本身并不是不重要，但现在与我们无关。

亚瑟·克里斯腾森〔Arthur Christensen〕曾对其中一个故事进行个案分析，认为它是传说中的波斯主题，因为在菲尔多西〔Firdausi〕的故事中，有多处与它一致。故事明显是伪造的，说居鲁士大帝是在自己的床上死去的，周围是他的家人〔*Les gestes des rois dans les traditions de l'Iran antique*（1936），126〕。像他在苏格拉底门下的同学安提斯梯尼一样，色诺芬的意图不是要写居鲁士的历史，而是要描绘出一幅关于理想国王的图画。为了向哪怕是最分心的读者阐明自己的看法，色诺芬给他的《居鲁士的教育》增加了一章，在其中对他那时的波斯人和居鲁士大帝时代的波斯人怎样不同，为何不同，进行了解释，声称腐化已经代替了简朴和男子汉气概。最后这一章的真实性，尽管经常遭到怀疑，但它风格上的特征，以及它提到的某些历史事件，似乎是没有问题的。此外，用理想化的过去来反衬当今现实的方法，在色诺芬关于斯巴达政制的小册子中也出现过。不过，这并不意味着他有意给我们提供对他可以观察到的公元前 4 世纪波斯生活的特征更加公平的归纳。当一个人在马上盖的东西比他的床上更多时，这也许是女性化的标志，但无法解释总督们的暴动。

我觉得很难理解的是，为什么公元前 5 世纪流行的对波斯帝国严厉而欣赏的态度，到公元前 4 世纪让位于一种混合，一种对死去的波斯国王的理想化和关于同时代宫廷阴谋的闲谈的混合。在那些叙述过波斯灭亡的史学家中，他们对现实的波斯政治和社会组织仍明显缺乏兴趣。从阿里安的作品判断，即使是最严肃的、叙述亚历山大远征的作品，也不曾尝试着去估价波斯国家，或者分析其崩溃原因。不那么严肃的同时代历史学家中，如奥内斯克里图斯［Onesicritus］和克利塔库斯［Clitarchus］之流，都采用了把克特西亚斯的谣言与色诺芬的《居鲁士的教育》按不同比例混合起来的做法，从而创造出耸人听闻的记述，对此，甚至古代的读者都觉得难以接受。斯特拉波间接提到过奥内斯克里图斯作为亚历山大沿印度河而下时的水手长地位，认为人们把他称为"女子幻想的水手长"（15. 1. 28）更合适。像克特西亚斯一样，奥内斯克里图斯更倾心于未经核查的印度的奇迹。昆体良［Quintilian］称："克利塔库斯的天才已经得到承认，但其诚实亦遭抨击［Clitarchi probatur ingenium, fides infamatur］（10. 1. 75）。"无论是克利塔库斯的残篇，还是其最终来源

135

可以合理追溯到他那里的迪奥多罗斯的第 17 卷的部分内容，都不曾提及波斯的制度，尽管我们知道，他曾经描述过巴比伦，而且让亚历山大与阿马宗女王会面（fr. 10；15–16 Jacoby）。

其他的历史学家简短叙述或者提到过波斯那些特别有趣的制度，例如，拉瑞萨的波利克利图斯［Polyclitus of Larissa］描述过波斯大王的各种收入（128 F 3 Jacoby），米提列涅的卡雷斯［Chares of Mytilene］描写过波斯大王的淫亵习惯（125 F 2）。他们的目的是娱乐。

如果我们考虑到，在柏拉图和亚里士多德关于政治学的作品中，波斯的制度也被排除在外，情况就不那么让人惊奇。确实，在柏拉图《法律篇》的 3. 693d，雅典人曾有过一篇很有潜力的声明：“请你们注意，我们可以说各种体制都有两个策源地，其他各种体制都是从其中派生出来的，其中一个的名字是君主制，另一个的名字是民主制。第一种制度最完全的形式可以在波斯人中看到，第二种制度则可以在我们自己的同胞中看到。这两种制度……是其他所有体制的主线，一般说来，其他各种体制都是在此基础上编织出来的。”可是，随之而来的，如阿特纳奥斯所指出的（11. 505a），是对色诺芬关于波斯教育的不直接批评。柏拉图否认一个由女人和太监侍候、在闺房中长大的男人成为一个好国王的可能性，至于原因，他那个时代波斯的败坏可作为证明。像伊索克拉底［Isocrates］和其他观察者一样，他当然注意到了波斯大王日益增长的对外国雇佣兵的依赖。但是，作为一个整体的波斯并未作为国家得到考察。在《政治学》中，亚里士多德甚至比柏拉图更匆忙地把波斯的专制主义抛弃了。他把波斯大王作为僭主对待，他们必须小心确保自己的安全（1284 b 1；1313 a 38）；他认为波斯人像西徐亚人、色雷斯人、凯尔特人一样，是一个正在扩张的民族，因此给军事力量以崇高地位（1324 b 11）。在一个典型的否定性评价中，他注意到波斯诸王自己不演奏乐器，而由他人为他们演奏（1339 a 34）。波斯帝国不属于政治世界的一部分，在他关于外族制度的论述中（Nomima Barbarika），波斯到底占多大分量，我们无法了解。仅有的残篇谈到的是卡里亚人、伊达拉里亚人和罗马人的希腊祖先。

136

如果那封亚里士多德致亚历山大的阿拉伯文书信主要内容真实的话，那我们对前者的看法可能就要大变了。我们是从中世纪的阿拉伯和犹太作家的引用中知道这封信的，1891 年，J. 利珀特［J. Lippert］发表了一个较短的版本；1970 年，约瑟夫·比拉夫斯基［Jozef Bielawski］公布了它较长的版本，附有马里安·普勒奇亚［Marian Plezia］的注疏。在未受普勒奇亚影响的情况下，萨缪尔·斯特恩［Samuel Stern］在他的小书《亚里士多德论世界国家》［*Aristotle on the World State*（1968）］中，对较长的版本独立进行了研究。斯特恩打算和奥斯文·默里［Oswyn Murray］合作，出版关于该书信的批判性版本和注疏，但他的早逝使工作中辍。他倾向于书信是真实的，但他的研究比坚定的真实论支持者普勒奇亚和比拉夫斯基更富有批判精神，也更精细。与我们有关的是该书信的两个特征：第一，建议亚历山大至少把波斯贵族——如果不是所有波斯人——驱逐到欧洲；第二，设计一个世界国家，在该国中，"所有人都享有安全和安静，把他们的时间进行划分，一部分用于锻炼身体，另一部分用于教育和高尚的追求——哲学"（trans. S. M. Stern，pp. 7-8）。一方面，亚里士多德以救世主的口吻宣传世界国家思想，同时，通过要求驱逐波斯人，他又执行着传统的希腊向波斯复仇的方针。

我们以前所了解的亚里士多德，仅有一次而且非常有保留地承认了世界政治统一的可能性。在《政治学》卷7的一个著名段落中，他表达了这种思想（1327 b 29）："唯独希腊各种姓，在地理位置上既处于两大陆之间，其秉性也兼有了两者的品质。他们既具热忱，也有理智；精神健旺，所以能永保自由，对于政治也得到高度发展；倘使各种姓一旦能统一于一个政体之内，他们就能够治理世上所有其他民族了。"在这种冷静的、假设性的、孤立的结论和新文献所表现出来的对波斯式世界国家的热情支持之间，存在着很大的不同。即使我们把《政治学》的卷7作为亚里士多德早年的作品，而把致亚历山大的书信定年在公元前330年以后，我们也必须承认他思想上的变化，而关于这一变化，其他作品没有提供任何证据。新发现的书信让我们不可避免地想到铭文，以及颂扬奥古斯都和平益处的斐洛。这是错觉吗？

这封信所表现出来的希腊民族主义和世界主义的混合，当然和我们把它定年在帝国时代是吻合的。请允许我引用一个民族主义方面的例子。在书信往还中，人们让希波克拉底做出了激烈的爱国主义式的回答。书信中的希波克拉底宁愿忘记"希波克拉底誓词"，告诉波斯国王，"我不能治疗外族人，他们是希腊人的敌人"（Hercher，*Epistolographi Graeci*，ed. Didot，p. 290）。这是一部短篇书信小说的一部分，肯定属于罗马时代，因为其中的一个通信人叫帕图斯［Paetus］。因此，如果一个帝国时代的作伪者把驱逐波斯人和预告世界国家之类的爱国主义论调，用同样的语气归于亚里士多德，我不会感到惊奇。

IV

这一类的小事必须在我们的故事中有它们的位置，因为它们显示了当时希腊人的心态，在亚历山大远征几百年之后，希腊人仍然继续用这种精神来思考波斯人。在狭隘的民族主义话语体系中，仍然保持着古老的反对波斯人的胜利所取得的自豪感。另一方面，先由亚历山大、后由罗马人倡导的新版本的世界国家观念，不可避免地让人们想起波斯这个先例。但是，如果说古老的波斯仍在希腊化时代人们的想象中逡巡不去，同时代的波斯人却几乎被他们遗忘了。波里比阿曾援引法列隆的德米特里乌斯在公元前3世纪初写下的话：50年以前，有谁相信"波斯人之名会完全消失？他们可是几乎全世界的主人啊"（29. 21. 4）。波里比阿的同时代人、克尼多斯的阿加塔奇德斯［Agatharchides of Cnidus］曾写有关于亚洲的著作，其中肯定包含着关于阿黑门尼德时期波斯的长篇叙述。可人们几乎可以从计量上证明，他不大可能长篇讨论同时代的伊朗，那个日益繁荣而且强大的帕提亚国家的伊朗。我们当然清楚，塞琉古王朝进行了巨大努力，试图维持对伊朗高原的统治，因为只有这样，他们才能与埃及和马其顿一争短长。可能正是在安条克四世统治时期，即公元前 2 世纪中期，埃克巴坦那被改造成为一个被称为埃皮法内尼亚的"城邦"（Steph. Byz., s.v. Agbatana）。30到 40 年之后，阿尔萨息王朝的帕提亚终结了塞琉古对伊朗各地的统治，而且巩固了他们在幼发拉底河一线的边疆。在争夺对伊朗不同人民与社会统治权的两个世纪的斗争中，塞琉古王朝肯定会尽力搜集有关伊朗人的资料。如果真的如此，几乎没有任何资料残存下来。近代的学者们只能学着从文献资料的无意评论中，或者从公元前 1 世纪的铭文中搜罗。科马格内的安条克［Antiochus of Commagene］自豪地把大流士算作自己的祖先；他还知道，在波斯曾有一个叫阿塔薛西斯的国王，他相当长寿，因此卢奇安，也可能是伪卢奇安把他列入了长寿者［Macrobii］名单中。当然，我们可能受到所拥有的资料的误导，但是，我们所拥有的资料表明，希腊化的，包括塞琉古王国的文化人在内，都对从阿黑门尼德帝国废墟中重新崛起的伊朗抱着深深的冷漠态度。

这种兴趣的缺乏并不是双向的。如我们所知，帕提亚人尽可能与希腊世界保持着接触，他们的某些国王称自己为亲希腊派，而且按照希腊方式剃光胡须。塞琉古时代幸存下来了，而且那个与她竞争的阿尔萨息时代是她的模仿者。帕提亚的铸币上铸的是希腊文字；帕提亚的文书放弃了阿拉美亚语，改用希腊语作为国际性语言；个别希腊人在帕提亚国家担任了高官。在欧拉埃乌斯发现的致塞琉西亚的王家书信，以及在同一地区发现的希腊诗篇，成为正确的希腊语作品的范本（*Suppl. Epigr. Graecum* VII，1–33）。亚美尼亚王阿塔瓦斯德斯［Artavasdes］曾用希腊语写过悲剧和历史，其关于克拉苏悲惨结局的故事，在阿塔克萨塔总是和欧里庇德斯的悲剧《巴库斯》的表演连在一起（Plut. *Crassus* 33）。毫无疑问，关于这一图景还有另外一面，帕提亚方言缓慢而复杂的演变帮助掩盖了这一面。伊朗的传统得以精致化，并被传送给后代；赫尔枯勒斯被融进了伊朗背景中，而且成为英雄罗斯塔姆［Rostam］某些功绩的灵感来源。V. 米诺尔斯基［V. Minorski］教授与其门生 M. 博伊斯［M. Boyce］教授已经在这方面给我们提供了新的指南［quoted in A. Pagliaro-A. Bausani, *La letteratura persiana*（1968），60；70］。

但是，我们只能讨论希腊人方面的情况。阿尔萨息王朝的希腊臣民积极参与了他们生活于其中的国家的文化生活，对该国进行探索，而且写下了它的历史。塞琉古时代他们的祖先不曾做过的工作，在帕提亚人统治下他们做了。帕提亚人期待获得最优秀的希腊语指导，而好的老师不愿到他们那里执教的情形，在普鲁塔克的一个故事中表现得很典型，不过故事虽然有名，仍然值得复述。修辞学家、雅典人安菲克拉特斯［Amphicrates］曾前往底格里斯河上的塞琉西亚做巡回演说，但当人们答应给他提供一个永久性教席时，他答称，一只只能装露水的锅是容不下海豚的。

阿特米达的阿波罗多罗斯［Apollodorus of Artemita］是帕提亚最著名的希腊语作家。他是斯特拉波关于其祖国主要的资料来源之一，很可能生活在公元前 1 世纪的最初几十年里。F. 安海姆［F. Altheim］希望他同时成为特罗古斯·庞培关于帕提亚资料的主要来源［*Weltgeschichte Asiens* 1（1947），2–24］，但我们所能说的只是，特罗古斯所能利用的资料，最终很可能来自苏拉时代一个帕提亚的希腊人［W. W. Tarn，*The Greeks in Bactria and India*，2nd ed.（1951），45–9］。老普林尼把查纳克斯的伊西多尔［Isidore of Charax］作为自己地理学资料的来源之一，他关于帕提亚驿站的小册子至今仍存，而他也是一个希腊–帕提亚人。最后，同一个普林尼提到了查纳克斯城一个叫迪奥尼修斯的人，公元前 1 年，当奥古斯都的继子盖乌斯［Gaius］启程前往东方完成使命时，他为其准备过一个备忘录（*N.H.* 6. 141）。

资料表明，居住在帕提亚的希腊人深入研究过帕提亚的历史和地理；资料还显示，罗马人利用这些资料来了解帕提亚人。卡雷的灾难[3]已经让他们得到了教训，因此，不偶然的是，我们所拥有的关于帕提亚的资料主要来自斯特拉波和特罗古斯——奥古斯都时代的两位作家，当时罗马正需要

---

〔3〕 公元前 53 年，罗马大将克拉苏率军进攻帕提亚，在卡雷战败，全军覆没，连军旗都被帕提亚人夺去，克拉苏本人也死在了战场之上。

140

决定是否要和帕提亚人共处。在处理帕提亚事务时，罗马人需要希腊民族志学者的建议，就好像在确立对高卢和西班牙的统治时，他们需要希腊人的知识一样。唯一的区别在于，在高卢和西班牙，没有居住在那里的希腊民族志学者，所以他们只好从其他希腊中心取得这些资料了。对帕提亚问题来说，罗马人无须引进希腊人的建议了。当我们注意到，波斯多尼乌斯既是杰出的帕提亚事务学者，又是研究凯尔特人生活的专家时，两者间的对应更加明显。他的著作中，有几部专论帕提亚与塞琉古王朝的关系，他对帕提亚生活与风俗的精彩描述，可以与他对凯尔特人生活的勾画比拟。在这里，又是阿特纳奥斯发现了波斯多尼乌斯作品中包含着可以收入文集的内容。我们感到遗憾的是，他把自己搜集的资料仅仅局限于帕提亚人的宴会习惯。在波斯多尼乌斯的作品中，肯定还有更重要的内容，但帕提亚宫廷中举行正式宴会的场面已经够好的了。"那个享有王友称号的人并无资格在饭桌上与国王共餐，而是坐在地上。当国王高坐在高高的躺椅上进餐时，他像一条狗似的吃那些国王扔给他的东西。"（4.152f–153a；87 F 5 Jacoby）

罗马人认真研究过帕提亚人，而且利用希腊历史学家和地理学家为他们提供必要的资料。这也正好解释了希腊化时代我们关于帕提亚人宗教唯一可靠的文献来自斯特拉波卷15的原因。亚历山大里亚和雅典那些有学养的人所写的关于祆教僧侣的东西，是供希腊人消费的，如我们很快将看到的，其内容是他们愿意看到的。关于这段经历，我们有一个有趣的尾巴。弗拉维乌斯·约瑟福斯明显意识到了罗马人对帕提亚人的兴趣，在其《犹太古事记》（*Jewish Antiquities*）中，多次许诺要提供有关他们和塞琉古王朝末年更进一步的细节资料。但他显然从来没有好好实现自己的诺言。他大概说过十次"如我们在其他著作中已经揭示的"，但这个"其他著作"从来就没有出现过。最直接的结论是：他希望写一部关于塞琉古王朝末期和帕提亚人的历史，但没能活到足够长的时间。不久之后，同时也是亚历山大大帝史学家的阿里安写出了帕提亚史。

V

生活在帕提亚之外的希腊化时代的希腊人，似乎从未对正在帕提亚发生的一切进行严肃的学术思考。他们对片断的波斯思想有兴趣，但不是把它们和政治或者现实结合起来考虑。在希腊化世界流行的所谓琐罗亚斯德教和祆教，是某些真实资料加上大量任意想象后的一种混合物。人们曾经认为，生活在小亚细亚的伊朗人群体至少应当对以祆教僧侣之名流行的某些信条负责。这一点并不是不可能，斯特拉波（15. 3. 15，p. 733），狄奥·克里索斯托姆（36. 39）以及波桑尼阿斯（5. 27. 5）都或多或少地明确宣布会见过西方的祆教僧侣。像犹太人一样，波斯人也许喜欢把他们认为希腊人乐意听到的东西写下来。但是，关于西方波斯智慧传统的起源和发展，和波斯人的散居没有什么关系。它的起源可追溯到公元前5世纪后半期，当时，吕底亚人桑托斯谈到过琐罗亚斯德，而且认为他生活在 6000 年以前。桑托斯也提到了祆教僧侣，不过没有明确把他们和琐罗亚斯德联系起来（*F. Gr. H.* 765 F 31–2 Jacoby）。由于桑托斯也谈到过恩培多克勒，而恩培多克勒留下了一篇未完成的关于希波战争的长诗（Diog. Laert. 8. 57），人们曾幻想而多于必要性地认为，恩培多克勒也谈到过琐罗亚斯德。当然，希罗多德知道"祆教僧侣"指的是一个米底人部落，但未提到琐罗亚斯德。在公元前 5 世纪的希腊，"祆教僧侣"是一个表示庸医的词语；在克特西亚斯那里，琐罗亚斯德就变成了一个由祆教僧侣围绕着的巴克特里亚国王；公元前 1 世纪末，特罗古斯·庞培还在重复着这样的故事（Justin 1. 1. 9）。在公元前 4 世纪的历史学家中，提到琐罗亚斯德成为常识。提奥庞普斯知道，在黄金时代开始之前，阿胡拉·玛兹达［Ormuzd］和阿里曼［Ahriman］应当分别统治人类 3000 年，此时人类将失去其影子（115 F 65 Jacoby）。写过波斯史的狄农［Dinon］从词源学上把琐罗亚斯德和行星联系起来。但是，让波斯智慧到处流行的是柏拉图，虽然在这段历史中，柏拉图的准确地位有些模糊和矛盾，因为他似乎从来没有提到过琐罗亚斯德。在《大阿尔基比阿德篇》（122a）中，琐罗亚斯德的出现，仅仅使它成为人们肯定该篇对话肯定为伪造的众多证据之一。至于柏拉图是否把有关厄尔［Er］的神话视为真正的东方神话，也令人生疑。但是，柏拉图和迦勒底人及祆教僧侣有联系的传说却广泛流传开来。据《赫库兰尼乌姆的学园派书目》——它最迟属于公元前 1 世纪，在柏拉图的灵床前，

有一个迦勒底人在场（ed. Mekler, p. 13），而塞涅卡知道，
当柏拉图离世时，有些祆教僧侣在雅典（*ep.* 58. 31）。比柏
拉图晚生两代的伊壁鸠鲁派讽刺作家科罗特斯［Colotes］曾
嘲笑柏拉图从琐罗亚斯德那里获得的所谓借鉴（Proclus, *In
Rempubl.* 2. 109 Kroll），它表明，到公元前 280 年至前 250
年，柏拉图与琐罗亚斯德之间有联系已经成为一个根深蒂固
的看法。到那时，学园已经日益对东方的智慧感兴趣了，因
此，人们自然会问，厄尔是否就是琐罗亚斯德？如我们从普
罗克列斯［Proclus］那里知道的，在古典古代，人们一直就
此进行着广泛的辩论。在柏拉图的嫡传弟子中，奥普斯的腓
力普斯［Philippus of Opus］——如果他是《埃庇诺米斯》的
作者的话——和赫尔莫多罗斯［Hermodorus］写过有关占星
神学和秘教的著作；本都的赫拉克利德斯曾把自己的一部
著作命名为《琐罗亚斯德》。该书也许是一部对话集，意在
表达他与柏拉图在自然哲学观点上的不同（Plut. *Adv. Colot.*
14. 1115A）；优德莫斯［Eudemus］了解"时间"在祆教教
义中的重要性（Bidez-Cumont, *Les Mages Hellénisés* II, 69 n.
15）。亚里士多德从来不曾写过可以归到他名下的关于祆教
的著作，因为那部作品可能属于公元前 2 世纪的逍遥派安提
斯梯尼。但是，他好像认为，琐罗亚斯德比柏拉图的去世
早 6000 年（Plin. *N.H.* 30. 3）。这个年代可能起源于欧多克索
斯［Eudoxus］，尽管欧多克索斯死得比柏拉图要早。这件事
表明，在这些问题上，有关的资料是多么不可信。可是，我
们没有特别的理由怀疑：亚里士多德认为祆教更为古老，因

此，可以设想，也就比埃及祭司更值得尊敬。他的朋友兼学生阿里斯托塞诺斯［Aristoxenus］最初来自毕达哥拉斯派，知道毕达哥拉斯曾是迦勒底的查拉塔斯［Zaratas］的门生，而查拉塔斯是查拉图斯特拉［zarathustra］的另一个名字（fr. 13 Wehrli）。就我所知，这是把迦勒底祭司和袄教僧侣完全混同的最早证据（在我看来，F. 雅可比的怀疑缺少根据，见 *F. Gr. H.* 273 F 94）。到公元前 1 世纪，即伪柏拉图的《阿克西奥库斯》可能的写作时间，人们通常会认为，袄教僧侣了144解另一个世界的信息。稍后，斐洛在他最不具犹太味的论文《凡善人皆自由》（*Quod omnis probus liber sit*，11. 74）中，就能把波斯关于上帝美德的教义作为人人都必须了解的某种东西了。

我一直尽可能克制自己，不提到欧多克索斯的名字，因为关于他，我们可说的实在很少，而在把非政治的、半幻想的波斯文化介绍给希腊人方面，人们一直认为此人发挥了关键作用。欧多克索斯在埃及生活过 16 个月，显然是带着斯巴达国王亚偈西劳［Agesilaus］致国王奈克塔内博［Nectanebus］的推荐信去的，但他从未访问过波斯。他对琐罗亚斯德思想的了解，似乎仅限于善恶冲突的一般水平。西塞罗认为他是占星学的伟大权威。但欧多克索斯究竟了解多少占星学，实在是个谜。在他名下，有一些关于预兆的作品流传，塞克斯图·恩披里柯［Sextus Empiricus］知道其中的一种（*Adv. Mathem.* 5. 1）。一部附有气象学知识的历法也归到他名下。如果我们要说服自己接受先由温纳·耶格尔

[Werner Jaeger]，后由屈蒙［Cumont］和比德兹［Bidez］为我们描绘出的伟大的东方学家欧多克索斯的结论，还有很长的路要走。

已经发生的一切似乎是：琐罗亚斯德之名，像赫尔美斯·特里斯迈吉斯图斯的名字一样，成为与占星术、来世、更一般地是与自然之谜有关的任何类型的玄想主题。在这些玄想中，我看不到所谓的埃及和迦勒底智慧之间的界限。在混同的情况下，甚至迦勒底和琐罗亚斯德的智慧成了同义词。但是，这种新近插上了翅膀的想象力，由于学园派和逍遥派对琐罗亚斯德智慧的崇拜而获得了声望，而且毫无疑问的是，他们把柏拉图的观念与那些所谓的东方观念混合了起来。普林尼称，生活在公元前 200 年前后的逍遥派学者赫尔米波斯 "对琐罗亚斯德留下的两百万行诗句进行了注疏，此外还给他的几部著作做了索引"（*N.H.* 30. 4）。我们知道，赫尔米波斯是一个传记作家，他并不是那个时代最严谨的学者，但他写过一部关于祆教僧侣的书，而且对希腊智慧的东方起源有确定的看法。例如，他认为，毕达哥拉斯利用过犹太人和色雷斯人的教义（Joseph. *c. Apion.* 1. 165）。关于两百万行——也就是说 800 卷——的资料，肯定来自赫尔米波斯本人。随便您怎么想，它肯定意味着，在亚历山大里亚，当时有几部据称是琐罗亚斯德的作品流传。《丁卡特》（*Dinkart*）中保存的故事可能没有太大帮助（Bidez-Cumont, *Mages Hellénisés* II, 137）。故事说，"注定遭到厄运的恶棍亚历山大" 让人把《阿维斯塔》译成了希腊语。欣克鲁斯

［Syncellus］的记载（271 D，p. 516 Bonn）称，托勒密二世让人为他的图书馆翻译拉丁语的、埃及语的和迦勒底语的著作，但我觉得可信的成分也不多。我仅仅知道有那么一条记载称，在希腊化世界，人们读过《伽泰》。这是大卫·弗卢瑟尔［David Flusser］在把《雅斯纳》［Yasna］的44. 3–5与西拜尔神谕第八卷第11章第439—55节中有关基督教的一段进行比较时做出的论断［*Numen*，Suppl. XXI（1972），171–5］。尽管弗卢瑟尔所揭示的两者间的类似是真实的，但它能证明的，仅仅是宗教偶像的传播。不过，后来以琐罗亚斯德或者祆教僧侣之名流传的某些作品，可能在赫尔米波斯之前已经伪造出来了。琐罗亚斯德献给居鲁士国王的四卷论自然的书籍，已经为普罗克列斯所知（*In Rempubl.* 2. 109 Kroll）。亚历山大里亚的克莱门特曾利用过该文献的另一版本（*Strom.* 5. 14. 103. 2）。《苏伊达斯辞典》提到过五种归于琐罗亚斯德名下的占星术作品。所有这些作品没有一种可以肯定出现在公元前200年以前，论自然的四卷显然是由一个了解柏拉图《理想国》的人写的。以琐罗亚斯德或者其他祆教僧侣之名伪造作品，在当时肯定是常见现象，我们幸运地从波菲利那里知道，普罗丁诺［Plotinus］曾给自己规定一个任务：揭穿所有归于琐罗亚斯德名下的伪造的启示（*Vita Plot.* 16），而他对《但以理书》真实创作时间的发现，肯定使他萌生了完成这一新任务的愿望。我们也许可以确定的是，波菲利在完成他的任务时，造成了破坏性后果。普林尼的作品（*N.H.* 30. 8）清楚地表明，他知道一本以祆教僧

146

侣奥斯塔内斯［Osthanes］之名流传的书，以及后来以该
僧侣名义流传的其他书籍。基督教作家查士丁［Justin］和
拉克坦提乌斯［Lactantius］援引过以祆教僧侣叙斯塔斯佩
斯［Hystaspes］名义发布的预言。罗马当局禁止它流传的
事实，足以证明它属于反罗马传统的预言，而这是公元前 2
世纪到前 1 世纪的特点（Bidez-Cumont，*Mages Hellénisés* I，
215–17）。

在公元 1 世纪末狄奥·克里索斯托姆创作的《致波里
斯特尼斯人》（*Borysthenicus*）中，我们几乎可以目睹其中一
件伪造品的诞生过程。他的祆教颂歌也许模仿了某些波斯、
准确地说是伪波斯的文献，后来某种程度上还得到了叠堡
［Dieburg］后期米特拉粗浮雕的支持。但是，我们拥有的这
份文献，是狄奥本人的创作（A. D. Nock，*Essays on Religion
and the Ancient World* II，607）。这些伪造品都基于这样一种
理论：希腊的思想家都从东方智者那里学到了某些真理。约
公元前 300 年，阿布德拉的赫卡泰俄斯把这种理论应用于埃
及（Diodor. 1. 96–8），索提昂把它推广到整个东方。后者是
一位希腊哲学家的传记作家，我们知道，他是迪奥根尼·拉
尔修的主要资料来源之一。到索提昂时代（公元前 200 年），
德谟克利特已经变成了另一个彻头彻尾的波斯智慧的门生。
实际上，据说薛西斯本人赐给他一些祆教僧侣和迦勒底人作
为老师（Diog. Laert. 9. 34）。另一方面，这些伪造也证明了
它们得以存在的理论。在某种程度上，它们所指的到底是埃
及还是波斯并不重要。尽管关于赫尔美斯·特里斯迈吉斯图

斯的伪造显示了人们对埃及的兴趣（也许是希腊化的埃及人的民族自豪感），关于琐罗亚斯德的伪造显示了人们对波斯的兴趣（也许表明的是希腊化波斯人的民族自豪感），但读者也许会把伪赫尔美斯与伪琐罗亚斯德一起吸收，实际上，还包括伪亚伯拉罕，而不去关心民族的偏好。重要的在于它给人们这样一种总体印象：希腊文化依赖于外族的智慧。此外，它们还暗示，此种外族智慧最好直接从源头那里吸收¹⁴⁷（伪书），而不要从它的希腊派生物那里吸收。即使柏拉图和毕达哥拉斯都是大师，琐罗亚斯德与赫尔美斯·特里斯迈吉斯图斯也还是更加优秀。

时代已经接近了毕达哥拉斯派、也可能是柏拉图派的阿帕梅亚的努墨尼奥斯［Numenius of Apamaea］提出下述问题的时候："除了作为阿提卡化的摩西以外，柏拉图还有什么？"（fr. 10, p. 130 Leemans）这样一个问题所强调的，是让希腊思想屈从于东方智慧后所产生的最明显的历史后果，也就是说，是从经由理性征服真理转向通过天启获得真理的转变。可是，无论它多么重要，我这里要谈的并不是这一后果，而是导致人们得出这一结论的过程。关于此点，我希望能够明确。最初，希腊文化人面对作为一个国家的波斯，有着自己的政治组织、道德规范以及模糊地作为背景的宗教。逐渐地，不管是好是坏，对政治组织的兴趣下降了，与此同时波斯的道德规范却得到了令人难以置信的理想化。下一步，也就是亚历山大大帝之后，注意力接着转到了祆教僧侣以及他们的精神领袖琐罗亚斯德身上。琐罗亚斯德不受任何阻碍地成了一个大师，因为没有任何人真正关心他到底是个什么人，写过什么，或者成为某些作品的真正源泉。在很大程度上，这个琐罗亚斯德和这些袄教僧侣是希腊人或者是希腊化的外国人（也许和西方的伊朗人公社有关系）想象的产物。由于他们与柏拉图或者亚里士多德学派的关系，所以特别值得我们注意。但是，这些有关琐罗亚斯德的伪作就它们自身而论，与那些通过提供纯洁、来世生活、依赖星象以及魔术方法的观念以安慰或者困扰希腊化时代个人的伪造品联合了起来，所以，有关琐罗亚斯德的伪造，仅仅是个人对古典希腊的政治兴趣激烈后退的过程中所出现的众多伪作中的一种。在这些伪作后面，当然存在着真正的琐罗亚斯德教活生生的和强有力的现实。但是，伪作仅仅是它苍白的影子。

148

人们是否能估算出这些伪作产生的结果，我不敢肯定。但我能肯定的是，如果一个像希腊化那样的文明不仅失去了对自己原则的信仰，而且把它自己的伪造作为一个外来文明的启示加以崇拜，那肯定是有区别的。如果希腊人多花点心思在学习外语上，这种情况本来根本不会发生。如果他们读过原文的巴比伦、波斯和埃及文献，那他们的反应肯定会在不同的层次上。当罗马人把毕达哥拉斯和柏拉图与赫尔美斯·特里斯迈吉斯图斯和琐罗亚斯德进行比较时，从来没有遇到过问题，因为他们既无毕达哥拉斯，也无柏拉图。但他们从未忘记，波斯，实际上还有埃及，都是真实的国家，而且是向他们提出过政治问题的国家。此外，当他们需要求助于外族文明时，他们选择的是希腊人的文明，而对于希腊语，他们可以直接利用。最后，也是很有意思的是，他们只从波斯市场上得到了一样东西：那就是米特拉。在罗马化之前，米特拉宗教是什么情况，我无意在这里涉及。但是罗马的米特拉教，还有它的祭司团制度、分层式的入门式、职业祭司阶层的可能缺失、对斗争与胜利的强调，以及非文化的粗俗，都恰好和希腊化时代希腊人培养琐罗亚斯德崇拜时，在自己身上实践的那种精心欺骗刚好相反。它是一种真正的崇拜，强化了士兵、职能部门人员以及商人对罗马国家的忠诚。在罗马时代的埃及，我们看到了新的米特拉崇拜的充分证据；而在托勒密时代的埃及，就我所知，有关真正实践玛兹达崇拜的唯一资料，是公元前 3 世纪迪奥斯科里德斯［Dioscorides］的格言集，其中提到，一个波斯奴隶请求其主人"不要亵渎了他尸体上的火"，也不要往他的尸体上泼水（*Anth. Pal.* 7. 162）。根据卢奇安的看法，如果米特拉不说希腊语（*Deorum Concil.* 9），那他肯定说拉丁语。

149

* * *

我们再度遇到了希腊化文明的困境。它拥有了解其他文明的所有手段，但掌握语言除外；它拥有一个征服和统治的上层阶级的所有特征，但对自己语言的信心除外。许多具有政治头脑的希腊人选择了罗马；许多具有宗教头脑的人转向了想象中的波斯和想象中的埃及。随着希腊主义政治命运的衰退，自我怀疑倾向日益增长，鼓励了那些意志薄弱和原则性不强的人，他们在那种不可能真实的文献中找到了一条简便的出路。

罗马人利用希腊人技术上的合作，创立了他们自己关于外族国家的知识，最终征服了希腊人自身。但是，从文化上说，他们通过学习希腊语，把希腊人的知识用于创造一个使用拉丁语的、共同的意大利文化，从而使自己处在强有力的地位。希腊人探索了凯尔特人、犹太人、波斯人以及罗马人的世界，罗马人则征服了凯尔特人、犹太人和希腊人。在被波斯人或者是帕提亚人打败之后，他们利用希腊历史学家和地理学家的帮助，注意避免另一次灾难，而且成功地保持了 300 年。我们的故事只说到奥古斯都时代，因此，我们假设自己不知道希腊人，还有罗马人后来发生的一切，那时，外族人中的一个新派别决定用希腊语向异教徒布道。请允许我引用亚瑟·达尔比·诺克在一个讲座中所做的关于新教的评论来作为我的结论。诺克是一个伟大的剑桥学者，关于我现在的主题，我从他那里受益最多。借用诺克的话说，希腊主义"必须完全根据它自身的优点进行评价，它是传统——如果您愿意的话，可以说是天启——与理性的诚实而精心的妥协；当您进行这样一种妥协时，您无法喊'停'"（*Essays on Religion and the Ancient World* I，339）。

精选书目

1 希腊化世界的希腊人和他们的邻人

Leo, F., *Geschichte der römischen Literatur* I, Berlin 1913

Täubler, E., *Imperium Romanum* I, Leipzig 1913

Trüdinger, K., *Studien zur Geschichte der griechisch-römischen Ethnographie*, Basel 1918

Bayet, J., 'Les origines de l'arcadisme romain', *Mél. Écol. Rome* 38 (1920), 60–143

Gsell, S., *Histoire ancienne de l'Afrique du Nord* IV, Paris 1920

Norden, E., *Die germanische Urgeschichte in Tacitus Germania*, Leipzig 1920

Holleaux, M., *Rome, la Grèce et les monarchies hellénistiques au IIIe siècle av. J.C.*, Paris 1921

Cichorius, C., *Römische Studien*, Berlin 1922

Schnabel, P., *Berossos und die babylonisch-hellenistische Literatur*, Leipzig 1923

Kroll, W., 'Römer und Griechen', in *Studien zum Verständnis der römischen Literatur*, Stuttgart 1924

Uxkull-Gyllenband, W., *Griechische Kultur-Entstehungslehren*, Berlin 1924

Meyer, E., *Blüte und Niedergang des Hellenismus in Asien*, Berlin 1925

Schnayder, G., *Quibus conviciis alienigenae Romanos carpserint*, Cracoviae 1928

Altheim, F., *Griechische Götter im alten Rom*, Giessen 1930

Hoffmann, W., *Rom und die griechische Welt im 4. Jahrhundert* (*Philologus*, Supplbd. 27, 1), Leipzig 1934

Schubart, W., 'Die religiöse Haltung des frühen Hellenismus', in *Der Alte Orient* 35, 2 (1937)

Fuchs, H., *Der geistige Widerstand gegen Rom in der antiken Welt*, Berlin 1938

Bickerman, E. J., 'Sur une inscription grecque de Sidon', *Mélanges Syriens offerts à M. R. Dussaud* I (Paris 1939), 91–9

Norden, E., *Aus altrömischen Priesterbüchern*, Lund 1939

Carcopino, J., 'Les origines pythagoriciennes de l'Hercule romain', *Aspects mystiques de la Rome païenne* (Paris 1942), 173–206

Vogt, J. (ed.), *Rom und Karthago*, Leipzig 1943

Krattinger, L., *Der Begriff des Vaterlandes im republikanischen Rom*, diss. Zürich 1944

Ninck, M., *Die Entdeckung von Europa durch die Griechen*, Basel 1945

Altheim, F., *Weltgeschichte Asiens im griechischen Zeitalter* I–II, Halle 1947–8

Mazzarino, S., *Introduzione alle guerre puniche*, Catania 1947

Gagé, J., *Apollon romain*, Paris 1955

Lévêque, P., 'Lycophronica', *Rev. Ét. Anc.* 57 (1955), 36–56

Hanell, K., 'Zur Problematik der älteren römischen Geschichtsschreibung', *Histoire et historiens dans l'Antiquité*, Fondation Hardt Entretiens IV (Vandoeuvres–Genève 1956), 147–70

Picard, G.-Ch., *Le monde de Carthage*, Paris 1956

Bayet, J., *Histoire politique et psychologique de la religion romaine*, Paris 1957

Dunbabin, T. J., *The Greeks and their Eastern Neighbours*, London 1957

Bowra, C. M., 'Melinno's Hymn to Rome', *Journ. Roman Studies* 47 (1957), 21–8

Stier, H. E., *Roms Aufstieg zur Weltmacht und die griechische Welt*, Köln 1957

Badian, E., *Foreign Clientelae*, Oxford 1958

Drexler, H., 'Iustum Bellum', *Rh. Museum* 102 (1959), 97–140

Hadas, M., *Hellenistic Culture*, New York 1959

Momigliano, A., 'Atene nel III secolo a.C. e la scoperta di Roma nelle storie di Timeo di Tauromenio', *Rivista Storica Italiana* 71 (1959), 529–56 = *Terzo Contributo* (Roma 1966), 23–53

Heinze, R., *Vom Geist des Römertums*, 3rd ed., Darmstadt 1960

Latte, K., *Römische Religionsgeschichte*, München 1960

Momigliano, A., 'Linee per una valutazione di Fabio Pittore', *Rend. Acc. Lincei* 15 (1960), 310–20 = *Terzo Contributo* (Roma 1966), 55–68

Fraenkel, E., *Elementi Plautini in Plauto*, Firenze 1960

Grecs et Barbares, Fondation Hardt Entretiens VIII, Vandoeuvres-Genève 1961

Eddy, S. K., *The King is Dead: Studies in the Near Eastern Resistance to Hellenism 334–31 B.C.*, Lincoln, Nebraska 1961

Klingner, F., *Römische Geisteswelt*, 4th ed., München 1961

Nilsson, M. P., *Geschichte der griechischen Religion* II, 2nd ed., München 1961

Oppermann, H. (ed.), *Römertum*, Darmstadt 1962

Knoche, U., *Vom Selbstverständnis der Römer*, Heidelberg 1962

Gabba, E., 'Il latino come dialetto greco', *Miscellanea di Studi Alessandrini in memoria di A. Rostagni* (Torino 1963), 188–94

Hellegouarc'h, J., *Le vocabulaire latin des relations et des partis politiques sous la République*, Paris 1963

Musti, D., 'Sull'idea di συγγένεια in iscrizioni greche', *Ann. Scuola Normale Pisa* 2, 32 (1963), 225–39

Waszink, J. H., 'Some Observations on the Appreciation of the "Philosophy of the Barbarians" in Early Christian Literature', *Mélanges Christine Mohrmann* (Utrecht 1963), 41–56

Calderone, S., *Pistis–Fides*, Messina 1964

Fraenkel, E., 'Zur Geschichte des Wortes Fides', *Rh. Museum* 71 (1916), 187–99 = *Kleine Beiträge zur klassischen Philologie* i (Roma 1964), 15–26

Fraenkel, E., *Kleine Beiträge zur klassischen Philologie* ii, Roma 1964

Seel, O., *Römertum und Latinität*, Stuttgart 1964

Le rayonnement des civilisations grecque et romaine sur les cultures périphériques (8e Congrès International d'Archéologie Classique, Paris 1963), Paris 1965

Gabba, E., 'Considerazioni sulla tradizione letteraria sulle origini della Repubblica' in *Les origines de la République romaine*, Fondation Hardt Entretiens xiii (Vandoeuvres-Genève 1966), 135–69

Mazzarino, S., *Il pensiero storico classico* i–iii, Bari 1966

Klein, R. (ed.), *Das Staatsdenken der Römer*, Darmstadt 1966

Weische, A., *Studien zur politischen Sprache der römischen Republik*, Münster 1966

Wieacker, F., 'Die XII Tafeln in ihrem Jahrhundert', *Les origines de la République romaine*, Fondation Hardt Entretiens xiii (Vandoeuvres-Genève 1966), 293–356

Will, E., *Histoire politique du monde hellénistique* i–ii, Nancy 1966–7

Walbank, F. W., *A Historical Commentary on Polybius* i–ii, Oxford 1957–67

Haffter, H., *Römische Politik und römische Politiker*, Heidelberg 1967

Oppermann, H. (ed.), *Römische Wertbegriffe*, Darmstadt 1967

Schefold, K., *Die Griechen und ihre Nachbarn*, Berlin 1967

Josifovic, S., 'Lykophron', in Pauly–Wissowa, *R.E.*, Suppl. 11 (1968), 888–930

Schneider, C., *Kulturgeschichte des Hellenismus* i–ii, München 1967–69

Heurgon, J., *Rome et la Méditerranée Occidentale jusqu'aux guerres puniques*, Paris 1969

Salmon, E. T., *Roman Colonization under the Republic*, London 1969

Peters, F. E., *The Harvest of Hellenism*, New York 1970

Schlumberger, D., *L'Orient hellénisé*, Paris 1970

Ampolo, C., 'Analogie e rapporti fra Atene e Roma arcaica', *Parola del Passato* 141 (1971), 443–57

Deininger, J., *Der politische Widerstand gegen Rom in Griechenland 217–86 v. Chr.*, Berlin 1971

Torelli, M., 'Il santuario di Hera a Gravisca', *Parola del Passato* 136 (1971), 44–67

Boyancé, P., *Études sur la religion romaine* (Roma 1972), 91–152 (on *fides*)

Klose, P., *Die völkerrechtliche Ordnung der hellenistischen Staatenwelt in der Zeit von 280 bis 168 v. Chr.*, München 1972

Nock, A. D., *Essays on Religion and the Ancient World*, Oxford 1972

Timpe, D., 'Fabius Pictor und die Anfänge der römischen Historio-graphie', *Aufstieg und Niedergang der römischen Welt* (ed. H. Tem-porini) II (Berlin 1972), 928–69.

Garbarino, G., *Roma e la filosofia greca dalle origini alla fine del II secolo a.C.* I–II, Torino 1973

Sherwin-White, A. N., *The Roman Citizenship*, 2nd ed., Oxford 1973

Yaron, R., 'Semitic Elements in Early Rome', *Daube Noster* (ed. A. Watson) (Edinburgh and London 1974), 343–57

Hahn, I., 'Die Hellenisierung Karthagos und die punisch-griechischen Beziehungen im 4. Jahrhundert v.u.Z.', *Hellenische Poleis* II (1974), 841–54

Momigliano, A., *Contributo alla storia degli studi classici (e del mondo antico)* I–V in 7 vols., Roma 1955–75

Id., 'The Fault of the Greeks', *Daedalus*, Spring 1975, 9–20

2 波里比阿与波斯多尼乌斯

Fustel de Coulanges, N. D., *Polybe*, Amiens 1858

Norden, E., *Agnostos Theos*, Leipzig 1913

Frank, T., *Roman Imperialism*, New York 1914

Reinhardt, K., *Poseidonios*, München 1921

Mühl, M., *Poseidonios und der plutarchische Marcellus*, Berlin 1925

Reinhardt, K., 'Poseidonios über Ursprung und Entartung', *Orient und Antike* 6 (1928)

Pasquali, G., 'Cesare, Platone e Posidonio', *Studi Ital. Fil. Class.* n.s. 8 (1931), 297–310 = *Pagine Stravaganti* I (Firenze 1968), 332–43

Pohlenz, M., *Antikes Führertum*, Leipzig 1934

Edelstein, L., 'The Philosophical System of Posidonius', *Amer. Journ. Phil.* 57 (1936), 286–325

Wilamowitz-Moellendorff, U. von, 'Athenion und Aristion', *Sitz. Berl. Akad.* (1923), 7, 39–50 = *Kleine Schriften* V, 1 (Berlin 1937), 204–19

Trouard, M. A., *Cicero's Attitude towards the Greeks*, Chicago 1942

Mioni, E., *Polibio*, Padova 1949

Gigante, M., 'La crisi di Polibio', *Parola del Passato* 16 (1951), 33–53

Klotz, A., 'Die Benutzung des Polybios bei römischen Schriftstellern', *Studi Ital. Filol. Class.* 25 (1951), 243–65

Ziegler, K., 'Polybios', in Pauly–Wissowa, *R.E.* 21, 2 (1952), 1440–578

De Sanctis, G., *Storia dei Romani* IV, 2, 1, Firenze 1953

Reinhardt, K., 'Poseidonios von Apameia', in Pauly–Wissowa, *R.E.* 22, 1 (1953), 558–826

Fritz, K. von, *The Theory of the Mixed Constitution in Antiquity; a critical analysis of Polybius' political ideas*, New York 1954

De Miranda, A., 'La irreligiosidad de Polibio', *Emerita* 24 (1956), 27–65

Gabba, E., *Appiano e la storia delle guerre civili*, Firenze 1956

Schmitt, H. H., 'Hellenen, Römer und Barbaren. Eine Studie zu Polybios', *Wissenschaftl. Beilage zum Jahresbericht 1957–58 d. Hum. Gymnasiums Aschaffenburg*, 38–48

Heurgon, J., 'The Date of Vegoia's Prophecy', *Journ. Roman Studies* 49 (1959), 41–5

Nock, A. D., 'Posidonius', *Journ. Roman Studies* 49 (1959), 1–15

Cole, Th., 'The Sources and Composition of Polybius VI', *Historia* 13 (1964), 440–86

Pédech, P., 'Un grec à la découverte de Rome. L'exil de Polybe', *Orpheus* 11 (1964), 123–40

Pédech, P., *La méthode historique de Polybe*, Paris 1964

Brunt, P. A., 'Reflections on British and Roman Imperialism', *Comparative Studies in Society and History* 7 (1965), 267–88

Candiloro, E., 'Politica e cultura in Atene da Pidna alla guerra mitridatica', *Studi Classici e Orientali* 14 (1965), 134–76

Dahlheim, W., *Deditio und Societas*, diss. München 1965

Pédech, P., 'Les idées religieuses de Polybe', *Rev. Hist. Rel.* 167 (1965), 35–68

Strasburger, H., 'Poseidonios on Problems of the Roman Empire', *Journ. Roman Studies* 55 (1965), 40–53

Eisen, K. F., *Polybiosinterpretationen*, Heidelberg 1966

Fraser, P., 'The Alexandrian View of Rome', *Bull. Soc. Arch. Alexandrie* 42 (1967), 1–16

Lehmann, G. A., *Untersuchungen zur historischen Glaubwürdigkeit des Polybios*, Münster 1967

Musti, D., 'Polibio e la democrazia', *Ann. Scuola Normale Pisa* 2, 36 (1967), 155–207

Badian, E., *Roman Imperialism in the Late Republic*, 2nd ed., Oxford 1968

La Penna, A., *Sallustio e la 'rivoluzione' romana*, Milano 1968

Petzold, K. E., *Studien zur Methode des Polybios*, München 1969

Badian, E., *Titus Quinctius Flamininus, Philhellenism and Real-Politik*, Cincinnati 1970

Tejera, A. Díaz, 'La constitucion politica en cuanto causa suprema en la historiografía de Polibio', *Habis* 1 (1970), 31–43

Abel, K., 'Die kulturelle Mission des Panaitios', *Antike und Abendland* 17 (1971), 119–43

Brunt, P. A., *Italian Manpower, 225 B.C.–A.D. 14*, Oxford 1971

Meister, K., *Kritik und Polemik bei Polybios*, Habilitationsschrift Saarbrücken 1971

Weinstock, S., *Divus Julius*, Oxford 1971

Badian, E., *Publicans and Sinners*, Oxford 1972

Desideri, P., 'L'interpretazione dell'impero romano in Posidonio', *Rend.*

Ist. Lombardo 106 (1972), 481-93

Walbank, F. W., *Polybius*, Berkeley, Los Angeles, London 1972

Gabba, E. (ed.), *Polybe*, Fondation Hardt Entretiens xx, Vandoeuvres-Genève 1974

Bengtson, H., 'Das Imperium Romanum in griechischer Sicht', *Kleine Schriften zur Alten Geschichte* (München 1974), 549-67

Momigliano, A., *Polybius between the English and the Turks*, J. L. Myres Memorial Lecture, Oxford 1974

Gabba, E., 'Storiografia greca e imperialismo romano', *Riv. Storica Ital.* 86 (1974), 625-42

3　凯尔特人和希腊人

Bienkowski, P. von, *De simulacris Barbararum Gentium apud Romanos*, Cracow 1900

Bienkowski, P. von, *Die Darstellungen der Gallier in der hellenistischen Kunst*, Wien 1908

Jullian, C., *Histoire de la Gaule* i, Paris 1908

Norden, E., *Die Germanische Urgeschichte in Tacitus Germania*, Leipzig 1920

Kendrick, T. D., *The Druids: A Study in Keltic Prehistory*, London 1927

Bienkowski, P. von, *Les Celtes dans les arts mineurs Gréco-romains*, Cracow 1928

Clerc, M., *Massalia*, Marseille 1927-9

Jacobsthal, P.–Neuffer, E., 'Gallia Graeca', *Préhistoire* 2 (1933), 1-64

Broche, G.-E., *Pythéas le Massaliote*, Paris 1935

Brunel, J., 'La légende de Comanus', *Rev. Philologie* 10 (1936), 333-44

Jacobsthal, P., *Early Celtic Art*, 2 vols., Oxford 1944

Grenier, A., *Les Gaulois*, Paris 1945 (new ed. with bibl. by L. Harmand, Paris 1970)

Hubert, H., *Les Celtes depuis l'époque de La Tène et la civilisation celtique*, 2nd ed., Paris 1950

Mette, H. J., *Pytheas von Massalia*, Berlin 1952

Jannoray, J., *Ensérune*, Paris 1955

Actes du colloque sur les influences helléniques en Gaule, Dijon 1958

Powell, T. G. E., *The Celts*, London 1958

Tierney, J. J., 'The Celtic Ethnography of Posidonius', *Proceedings of the Royal Irish Academy* 60 (c) (1959-60), 189-275 (with text and translation)

Sartori, F., 'Galli Transalpini transgressi in Venetiam', *Aquileia Nostra* 31 (1960), 1-40

Villard, F., *La céramique grecque de Marseille (vie-ive siècle)*, Paris 1960

Eydoux, H. P., *La France Antique*, Paris 1962

Joffroy, R., *Le trésor de Vix*, Paris 1962

On the elegy about the Galatians (Page D., *Greek Literary Papyri* 1, 463):
V. Bartoletti, *Studi Ital. Filol. Class.* 34 (1962), 25–30; W. Richter, *Maia* 15 (1963), 93–117; W. Peek, *ib.*, 199–218

De Vries, J., *La religion des Celtes*, Paris 1963

Jackson, K. H., *The Oldest Irish Tradition: A Window on the Iron Age*, Cambridge 1964

Benoit, F., *Recherches sur l'hellénisation du Midi de la Gaule*, Aix-en-Provence 1965

Dion, R., 'La renommée de Pythéas dans l'Antiquité', *Rev. Ét. Lat.* 43 (1965), 443–66

Piggott, S., *Ancient Europe*, Edinburgh 1965

Carpenter, Rhys, *Beyond the Pillars of Heracles* (New York 1966), 143–98

Dion, R., 'Pythéas explorateur', *Rev. Phil.* 40 (1966), 191–216

Morel, J.-P., 'Les Phocéens en Occident: certitudes et hypothèses', *Parola del Passato* 108–10 (1966), 378–420

Piggott, S., *The Druids*, London 1968

Barruol, G., *Les peuples préromains du Sud-Est de la Gaule*, Paris 1969 (*Revue Archéologique Narbonnaise*, Suppl. 1)

Chadwick, N., *The Celts*, Harmondsworth 1970

Harmand, J., *Les Celtes au Second Age du Fer*, Paris 1970

Hatt, J. J., *Celts and Gallo-Romans*, trans. J. Hogarth, Geneva 1970

Lepore, E., 'Strutture della colonizzazione focea in Occidente', *Parola del Passato* 130 (1970), 19–54

Duval, P. M., *La Gaule jusqu'au milieu du Ve siècle* I–II, Paris 1971

Hansen, E. V.: A bibliography of the Gallic statues in the art of Pergamon in E. V. Hansen, *The Attalids of Pergamon*, 2nd ed. (Ithaca and London 1971), 496–7

Mac Niocaill, G., *Ireland before the Vikings* (The Gill History of Ireland 1), Dublin and London 1972

Bar-Kochva, B., 'On the Sources and Chronology of Antiochus I's Battle against the Galatians', *Proceed. Cambridge Philol. Society* 199 (1973), 1–8

Kleiner, F. S., '*Gallia Graeca, Gallia Romana* and the Introduction of Classical Sculpture in Gaul', *Amer. Journ. Arch.* 77 (1973), 379–90

Markale, J., *Les Celtes*, Paris 1973

Clavel-Lévêque, M., 'Das griechische Marseille', *Hellenische Poleis* (ed. E. Ch. Welskopf) (Berlin 1974), vol. II, 855–969

Clemente, G., *I romani nella Gallia meridionale*, Bologna 1974

4　希腊化世界对犹太教的发现

Bernays, J., *Theophrastos' Schrift über Frömmigkeit*, Berlin 1866

Freudenthal, J., *Hellenistische Studien* 1–2, Breslau 1875

Willrich, H., *Juden und Griechen vor der Makkabäischen Erhebung*,

Göttingen 1895

Reinach, Th., *Textes d'auteurs grecs et romains relatifs au Judaïsme*, Paris 1895

Schürer, E., *Geschichte des jüdischen Volkes im Zeitalter Jesu Christi* I–III, 4th ed., Leipzig 1901–9 (the first volume is brought up to date in an English translation, Edinburgh 1973)

Daiches, S., *The Jews in Babylonia in the Time of Ezra and Nehemiah*, London 1910

Peters, N., *Das Buch Jesus Sirach oder Ecclesiasticus*, Münster 1913

Böhl, F. M. Th., 'Die Juden im Urteil der griechischen und römischen Schriftsteller', *Theolog. Tijdschrift* 48 (1914), 371–89; 473–98

Pfister, F., 'Eine jüdische Gründungsgeschichte Alexandrias', *Sitz. Ak. Heidelberg* (1914), no. 11

Hill, G. F., *A Catalogue of the Greek Coins of Palestine*, London 1914

Norden, E., 'Jahve und Moses in hellenistischer Theologie', *Festgabe A. v. Harnack* (Tübingen 1921), 292–301 = *Kleine Schriften* (Berlin 1966), 276–85

Büchler, A., 'Ben Sira's Conception of Sin and Atonement', *Jew. Quart. Rev.* N.S. 13 (1922–3), 303–35; 461–502; 14 (1923–4), 53–83

Schlatter, A., *Geschichte Israels von Alexander d.Gr. bis Hadrian*, 3rd ed., Stuttgart 1925

Täubler, E., *Tyche*, Leipzig 1926

Bousset, W., *Die Religion des Judentums im späthellenistischen Zeitalter*, 3rd ed., Tübingen 1926

Lévy, I., *La légende de Pythagore de Grèce en Palestine*, Paris 1927

Heinemann, I., 'Antisemitismus' in Pauly-Wissowa, *R.E.*, Suppl. V (1931), 3–43

Lewy, H., 'Hekataios von Abdera περὶ Ἰουδαίων', *Zeitschr. Neut. Wiss.* 31 (1932), 117–32

Leipoldt, J., *Antisemitismus in der Alten Welt*, Leipzig 1933

Sellers, O., *The Citadel of Beth Zur*, Philadelphia 1933

Bertram, G., 'Der Hellenismus in der Urheimat des Evangeliums', *Archiv für Religionsw.* 32 (1935), 265–81

Rankin, O. S., *Israel's Wisdom Literature*, Edinburgh 1936

Lewy, H., 'Aethiopier und Juden in der antiken Literatur', *Monatsschrift Gesch. Wiss. Judentums* 81 (1937), 65–71

Pfeiffer, R. H., 'Hebrews and Greeks before Alexander', *Journ. Bibl Liter.* 56 (1937), 91–101

Lewy, H., 'Aristotle and the Jewish Sage', *Harv. Theol. Rev.* 31 (1938), 205–35

Braun, M., *History and Romance in Graeco-Oriental Literature*, Oxford 1938

Jaeger, W., 'Greeks and Jews', *Journ. Religion* 18 (1938), 127–43 = *Scripta Minora* (Roma 1960), II, 169–83

Dornseiff, F., *Echtheitsfragen antik-griechischer Literatur*, Berlin 1939

Schneider, C., 'Die griechischen Grundlagen der hellenistischen Religionsgeschichte', *Arch. Religionswiss.* 36 (1939), 300–47

Heinemann, I., 'The Attitude of the Ancient World towards Judaism',
Rev. Religion 4 (1940), 385–400

Kroll, W., 'Phokylides' in Pauly–Wissowa, *R.E.* 20, 1 (1941), 503–10

Liebermann, S., *Greek in Jewish Palestine*, New York 1942

Finkelstein, L., 'Pre-Maccabean Documents in the Passover Haggadah',
Harv. Theol. Rev. 36 (1943), 1–38

Marcus, R., 'Antisemitism in the Hellenistic-Roman World' in K. S.
Pinson (ed.), *Essays on Antisemitism*, 2nd ed. (New York 1946), 61–78

Reifenberg, A., *Ancient Jewish Coins*, 2nd ed., Jerusalem 1947

Täubler, E., 'Jerusalem 201 to 199 B.C.E. On the history of a messianic
movement', *Jew. Quart. Rev.* 37 (1946–7), 1–30; 125–37; 249–63

Hölscher, G., 'Drei Erdkarten. Ein Beitrag zur Erderkenntnis des
hebräischen Altertums', *Sitz. Heidelb. Akad.* (1948), 34, 3

Heichelheim, F. M., 'Ezra's Palestine and Periclean Athens', *Zeitschr.
Relig. Geistesgesch.* 3 (1951), 251–3

Cardascia, G., *Les Archives des Murašû*, Paris 1951

Driver, G., *Aramaic Documents of the Fifth Century B.C.*, Oxford 1954

Cadbury, H. J., 'The Grandson of Ben Sira', *Harv. Theol. Rev.* 48 (1955),
219–25

Pritchard, J. B. (ed.), *Ancient Near Eastern Texts*, 2nd ed., Princeton 1955
(Supplement 1969)

Loewe, R., 'The Earliest Biblical Allusion to Coined Money', *Palest.
Expl. Quart.* 87 (1955), 141–50

Katz, P., 'The Old Testament Canon in Palestine and Alexandria',
Zeitschr. Neut. Wiss. 47 (1956), 191–217

Tcherikover, V. A.–Fuks, A. *Corpus Papyrorum Judaicarum* I, Cam-
bridge, Mass. 1957

Mazar, B., 'The Tobiads', *Israel Exploration Journal* 7 (1957), 137–45;
229–38

McCown, C. C., 'The 'Araq el-Emir and the Tobiads', *The Biblical
Archaeologist* 20 (1957), 63–76

Lewis, D. M., 'The First Greek Jew', *Journ. Semit. Studies* 2 (1957),
264–6

Smith, M., 'The Image of God: Notes on the Hellenization of Judaism',
Bull. John Rylands Library 40 (1957–8), 473–512

Gutman, Y., *The Beginnings of Jewish Hellenistic Literature* I–II, Jeru-
salem 1958–63 (in Hebrew)

Tcherikover, V., *Hellenistic Civilization and the Jews*, Philadelphia 1959

Schunck, K. D., 'Drei Seleukiden im Buche Kohelet?', *Vetus Testam.*
9 (1959), 192–201

Rudolph, W., *Vom Buch Kohelet*, Münster 1959

Dornseiff, F., *Kleine Schriften* I: *Antike und Alter Orient*, 2nd ed.,
Leipzig 1959

Feldman, L. H., 'The Orthodoxy of the Jews in Hellenistic Egypt',
Jewish Social Studies 22 (1960), 215–37

Auerbach, E., 'Der Aufstieg der Priesterschaft zur Macht im alten Israel',

Vet. Test. Stud. 9 (1962), 236–49

Kerenyi, K., *Die griechisch-orientalische Romanliteratur*, 2nd ed., Darmstadt 1962

Naveh, J., 'The Excavations at Mesad Hashavyahu', *Israel Exploration Journal* 12 (1962), 89–113

Bickerman, E. J., *From Ezra to the Last of the Maccabees*, New York 1962

Liebermann, S., *Hellenism in Jewish Palestine*, 2nd ed., New York 1962

Schaller, B., 'Hekataios von Abdera über die Juden', *Zeitschr. Neutest. Wiss.* 54 (1963), 15–31

Yoyotte, J., 'L'Égypte ancienne et les origines de l'antijudaïsme', *Rev. Hist. Rel.* 163 (1963), 133–43

Cross, F. M., 'The Discovery of the Samaria Papyri', *The Biblical Archaeologist* 26 (1963), 110–21

Speiser, E. A., *Genesis* (Anchor Bible), New York 1964

Gottwald, N. K., *All the Kingdoms of the Earth: Israelite Prophecy and International Relations in the Ancient Near East*, New York 1964

Eissfeldt, O., *Einleitung in das Alte Testament*, 3rd ed., Tübingen 1964

Zeitlin, S., *The Rise and Fall of the Judaean State* I, Philadelphia 1964

Sisti, A., 'Riflessi dell'epoca premaccabaica nell'Ecclesiastico', *Riv. Bibl.* 12 (1964), 215–56

Galling, K., *Studien zur Geschichte Israels im persischen Zeitalter*, Tübingen 1964

Loretz, O., *Qohelet und der Alte Orient*, Freiburg-Basel-Wien 1964

Walter, N., 'Frühe Begegnungen zwischen jüdischem Glauben und hellenistischer Bildung in Alexandrien', in E. Ch. Welskopf (ed.), *Neue Beiträge zur Geschichte der Alten Welt* I (Berlin 1964), 367–78

Liftshitz, B., 'L'Hellénisation des Juifs de Palestine', *Rev. Bibl.* 72 (1965), 520–38

Musti, D., 'Lo Stato dei Seleucidi', *Studi Classici e Orientali* 15 (1966), 61–197

Cross, F. M., 'Aspects of Samaritan and Jewish History in Late Persian and Hellenistic Times', *Harv. Theol. Rev.* 59 (1966), 201–11

Bickerman, E. J., *Four Strange Books of the Bible*, New York 1967

Nikiprowetzky, V. 'Temple et Communauté', *Rev. Ét. Juiv.* 126 (1967), 7–25

Nikiprowetzky, V., 'Le Nouveau Temple', *ib.* 130 (1971), 1–30

Kanael, B., 'Altjüdische Münzen', *Jahrb. für Numism.* 17 (1967), 159–298

Auscher, D., 'Les relations entre la Grèce et la Palestine avant la conquête d'Alexandre', *Vetus Testamentum* 17 (1967), 8–30

Goodenough, E., *Jewish Symbols in the Greco-Roman Period*, 13 vols., New York 1953–68 (among the discussions notice E. Bickerman, *Syria* 44 (1967), 131–61)

Fischel, H. A., 'Studies in Cynicism and the Ancient Near East: the transformation of a *Chria*', *Religions in Antiquity. Essays E. R. Goodenough* (Leiden 1968), 372–411

Robert, L., *Fouilles d'Aï Khanoum* I (Paris 1973), 207–37 = C.R. Acad.

Inscr. (1968), 416–57

Porten, B., *Archives from Elephantine*, Berkeley 1968

Ackroyd, P. R., *Exile and Restoration*, London 1968

Delling, G., *Bibliographie zur jüdisch-hellenistischen und intertestamentarischen Literatur 1900–1965*, Berlin 1969

Gager, J. G., 'Pseudo-Hecataeus Again', *Zeitschr. Neutest. Wiss.* 60 (1969), 130–9

Weinberg, S. S., 'Post-Exilic Palestine. An Archaeological Report', *Proceedings of the Israel Academy* 4 (1969–70), 78–97

Riis, P. J., *Sukas I. The North-East Sanctuary and the First Settling of Greeks in Syria and Palestine*, Copenhagen 1970

Ackroyd, P. R., *Israel under Babylon and Persia*, Oxford 1970

Preuss, H. D., *Verspottung fremder Religionen im Alten Testament*, Stuttgart 1971

Smith, M., *Palestinian Parties and Politics that Shaped the Old Testament*, New York 1971

Grelot, P., *Documents araméens d'Egypte*, Paris 1972

Brock, S. P., 'The Phenomenon of the Septuagint', *Oudtestam. Studiën* 17 (1972), 11–36

Forkman, G., *The Limits of the Religious Community*, Lund 1972

Gager, J. G., *Moses in Greco-Roman Paganism*, Nashville 1972 (cf. the review by M. Stern, *Anglican Theological Review* 55 (1973), 94–8)

Hengel, M., *Judentum und Hellenismus*, 2nd ed., Tübingen 1973 (Engl. transl., London 1974)

Braun, R., *Kohelet und frühhellenistische Populärphilosophie*, Berlin 1973

Naveh, J., 'Some Semitic Epigraphical Considerations on the Antiquity of the Greek Alphabet', *Amer. Journ. Archaeol.* 77 (1973), 1–8

Hanson, P. D., 'Zechariah 9 and the Recapitulation of an Ancient Ritual Pattern', *Journ. Bibl. Lit.* 92 (1973), 37–58

Stern, M. and Murray, O., 'Hecataeus of Abdera and Theophrastus on Jews and Egyptians', *Journ. Egypt. Arch.* 59 (1973), 159–68

Smitten, W. Th. in der, 'Historische Probleme zum Kyrosedikt und zum Jerusalemer Tempelbau von 515', *Persica* 6 (1974), 167–78

5 从安条克三世到庞培时代的希腊人、犹太人和罗马人

Geffcken, J., *Komposition und Entstehungszeit der Oracula Sibyllina*, Leipzig 1902

Charles, R. H., *The Book of Enoch*, Oxford 1912

Burkitt, F. C., *Jewish and Christian Apocalypses*, London 1914

Heinemann, I., 'Poseidonios über die Entwicklung der jüdischen Religion', *Monatsschrift Gesch. Wiss. Judentums* 63 (1919), 113–21

Meyer, E., *Ursprung und Anfänge des Christentums* I–III, Stuttgart 1921–3

Thackeray, H. St John, *The Septuagint and Jewish Worship*, London 1923

Willrich, H., *Urkundenfälschung in der hellenistisch-jüdischen Literatur*, Göttingen 1924

Kolbe, W., *Beiträge zur syr. und jüdischen Geschichte*, Stuttgart 1926

Kittel, G., *Die Probleme des palästinischen Spätjudentums und das Urchristentum*, Stuttgart 1926

Bickerman, E. J., 'Ritualmord und Eselskult', *Monatsschrift Gesch. Wiss. Judentums* 71 (1927), 171–87, 255–64

Charles, R. H., *A Critical and Exegetical Commentary on the Book of Daniel*, Oxford 1929

Moore, G. F., *Judaism in the First Centuries of the Christian Era: the age of the Tannaim* I–III, Cambridge, Mass. 1927–30

Bickerman, E. J., 'Zur Datierung des Pseudo-Aristeas', *Zeitschr. Neut. Wiss.* 29 (1930), 280–98

Momigliano, A., *Prime linee di storia della tradizione Maccabaica*, Torino 1931 (reprint with a new bibl. Amsterdam 1966)

Lagrange, M.-J., *Le Judaïsme avant Jésus Christ*, Paris 1931

Bickerman, E. J., 'Ein jüdischer Festbrief vom Jahre 124 v. Chr.', *Zeitschr. Neut. Wiss.* 32 (1933), 233–54

Volz, P., *Die Eschatologie der jüdischen Gemeinde im neutestamentlichen Zeitalter*, Tübingen 1934

Ginsburg, M. S., 'Sparta and Judaea', *Class. Philol.* 29 (1934), 117–22

Bickerman, E. J., 'La Charte Séleucide de Jérusalem', *Rev. Ét. Juives* 100 (1935), 4–35

Bickerman, E. J., 'Un document relatif à la persécution d'Antiochos IV Épiphane', *Rev. Hist. Religions* 115 (1937), 188–223

Loewe, H. (ed.), *Judaism and Christianity*, II, *The Contact of Pharisaism with Other Cultures*, London 1937

Bickerman, E. J., *Der Gott der Makkabäer*, Berlin 1937

Heinemann, I., 'Wer veranlasste den Glaubenszwang der Makkabäerzeit?', *Monatsschrift Gesch. Wiss. Judentums* 82 (1938), 145–72

Bickerman, E. J., 'Sur une inscription grecque de Sidon', *Mélanges Syriens offerts à M. R. Dussaud* I (Paris 1939), 91–9

Swain, J. W., 'The Theory of the Four Monarchies', *Classical Philology* 35 (1940), 1–21

Torrey, C. C., 'The Letters Prefixed to Second Maccabees', *Journ. Am. Orient. Soc.* 60 (1940), 119–50

Peretti, A., *La Sibilla babilonese nella propaganda ellenistica*, Firenze 1943

Bickerman, E. J., 'Héliodore au temple de Jérusalem', *Ann. Inst. Phil. Hist. Orient. Slav.* 7 (1939–44), 5–40

Torrey, C. C., 'The Older Book of Esther', *Harv. Theol. Rev.* 37 (1944), 1–4

Bickerman, E. J., 'The Colophon of the Greek Book of Esther', *Journ. Bibl. Liter.* 63 (1944), 339–62

Bickerman, E. J., 'Une proclamation séleucide relative au temple de

Jérusalem', *Syria* 25 (1946–8), 67–85

Abel, F.-M., 'Hellénisme et orientalisme en Palestine au déclin de la période séleucide', *Rev. Bibl.* 53 (1946), 385–402

Kahle, P., 'Die Septuaginta. Prinzipielle Erwägungen', *O. Eissfeldt Festschrift* (Halle 1947), 161–80

Seeligmann, I. L., *The Septuagint Version of Isaiah*, Leiden 1948

Abel, F.-M., *Les Livres des Maccabées*, Paris 1949

Pfeiffer, R. H., *History of New Testament Times*, New York 1949

Bickerman, E. J., 'The Date of the Testaments of the Twelve Patriarchs', *Journ. Bibl. Liter.* 69 (1950), 245–60

Spiro, A., 'Samaritans, Tobiads and Judahites in Pseudo-Philo', *Proceed. Amer. Acad. Jewish Research* 20 (1951), 279–355

Bickerman, E. J., 'Notes on the Greek Book of Esther', *Proceed. Amer. Acad. Jewish Research* 20 (1951), 101–33

Bickerman, E. J., 'Sur la chronologie de la sixième Guerre de Syrie', *Chronique d'Égypte* 27 (1952), 396–403

Bickerman, E. J., 'La chaîne de la tradition pharisienne', *Revue Biblique* 59 (1952), 44–54

Bentzen, A., *Daniel*, 2nd ed., Tübingen 1952

Bammel, E., 'Zum jüdischen Märtyrerkult', *Theolog. Literaturz.* 78 (1953), 119–26

Ackroyd, P. R., 'Criteria for the Maccabean Dating of O.T. Literature', *Vetus Testam.* 3 (1953), 113–32

Norden, E., 'Das Genesiszitat in der Schrift vom Erhabenen', *Abh. Berl. Akad.* (1954), no. 1 = *Kleine Schriften* (Berlin 1966), 286–313

Stein, S., 'The Liturgy of Hanukkah and the First Two Books of Maccabees', *Journ. Jewish Studies* 5 (1954), 100–6; 148–55

Lévy, I., 'Les deux Livres des Maccabées et le Livre Hébraique des Hasmonéens', *Semitica* 5 (1955), 15–36

Farmer, W., *Maccabees, Zealots and Josephus*, New York 1956

Mowinckel, S., *He that cometh*, Oxford 1956

Tcherikover, V., 'The Ideology of the Letter of Aristeas', *Harv. Theol. Rev.* 51 (1958), 59–85

Cross, F. M., *The Ancient Library of Qumrân*, London 1958

Testuz, M., *Les idées religieuses du Livre des Jubilés*, Genève 1960

Muilenburg, J., 'The Son of Man in Daniel and the Ethiopic Apocalypse of Enoch', *Journ. Bibl. Lit.* 79 (1960), 197–209

Stern, M., 'The Death of Onias III', *Zion* 25 (1960), 1–16 (Hebrew)

Smith, M., 'The Dead Sea Sect in Relation to Ancient Judaism', *New Testament Studies* 7 (1960–1), 347–60

Kreissig, H., 'Der Makkabäeraufstand. Zur Frage seiner sozialökonomischen Zusammenhänge und Wirkungen', *Studii Classice* 4 (1962), 143–75

Yadin, Y., *The Scroll of the War of the Sons of Light against the Sons of Darkness*, Oxford 1962

Wright, G. E., 'The Samaritans at Shechem', *Harv. Theol. Rev.* 55 (1962),

357-66

Kocsis, E., 'Ost-West Gegensatz in den Jüdischen Sibyllen', *Nov. Testam.* 5 (1962), 105-10

Giblet, J., 'Eupolème et l'historiographie du Judaïsme hellénistique', *Ephem. Theol. Lovan.* 39 (1963), 539-54

Jaubert, A., *La Notion d'alliance dans le Judaïsme aux abords de l'ère chrétienne*, Paris 1963

Wacholder, B. Z., 'Pseudo-Eupolemus' Two Greek Fragments on the Life of Abraham', *Hebrew Union College Annual* 34 (1963), 83-113

Tcherikover, V., 'Was Jerusalem a "Polis"?', *Israel Explor. Journal* 14 (1964), 61-78

Walter, N., *Der Thoraausleger Aristobulos*, Berlin 1964

Russell, D. S., *The Method and Message of Jewish Apocalyptic, 200 B.C.- A.D. 200*, London 1964

Porteous, N. W., *Daniel. A Commentary*, London 1965

Burchard, Chr., *Untersuchungen zu Joseph und Aseneth*, Tübingen 1965

Lévy, I., *Recherches esséniennes et pythagoriciennes*, Genève-Paris 1965

Walter, N., 'Zu Pseudo-Eupolemos', *Klio* 43-5 (1965), 282-90

Morkholm, O., *Antiochus IV of Syria*, Copenhagen 1966

Cardauns, B., 'Juden und Spartaner', *Hermes* 95 (1967), 317-24

Murray, O., 'Aristeas and Ptolemaic Kingship', *Journ. Theol. St.* 18 (1967), 337-71

Arenhoevel, D., *Die Theokratie nach dem 1. und 2. Makkabäerbuch*, Mainz 1967

Philonenko, Marc, *Joseph et Aséneth. Introduction, texte critique, traduction et notes*, Leiden 1968

Vermès, G., *The Dead Sea Scrolls in English*, Harmondsworth 1968

Baer, Y., 'The Persecution of Monotheistic Religion by Antiochus Epiphanes', *Zion* 33 (1968), 101-24 (Hebrew)

Osten-Sacken, P. von der, *Die Apokalyptik in ihrem Verhältnis zu der Prophetie und Weisheit*, München 1969

Larcher, C., *Études sur le Livre de la Sagesse*, Paris 1969

Denis, A.-M., 'Héraclès et ses cousins de Judée', *Hommages M. Delcourt* (Bruxelles 1970), 168-78

Stern, M., 'Strabo on Jews', *G. Alon Memorial Volume* (Tel Aviv 1970), 169-91 (Hebrew)

Black, M., *Apocalypsis Henochi Graece*; A.-M. Denis, *Fragmenta Pseudepigraphorum quae supersunt graeca*, Leiden 1970

Nikiprowetzky, V., *La troisième Sibylle*, Paris 1970

Lebram, J. C. H., 'Apokalyptik und Hellenismus im Buche Daniel', *Vetus Testam.* 20 (1970), 503-24

Kippenberg, H. G., *Garizim und Synagoge*, Berlin 1971

Delcor, M., *Le Livre de Daniel*, Paris 1971

Schalit, A., 'Die Denkschrift der Samaritaner an König Antiochos Epiphanes', *Annual Swedish Theological Institute* 8 (1970-1), 131-83

Neusner, J., *The Rabbinic Traditions about the Pharisees before 70* I-III, Leiden 1971

Noack, B., *Spätjudentum und Heilsgeschichte*, Stuttgart 1971

Hanson, P. D., 'Jewish Apocalyptic against its Near Eastern Environment', *Rev. Bibl.* 78 (1971), 31–58

Howard, G. E., 'The Letter of Aristeas and Diaspora Judaism', *Journ. Theol. Studies* N.S. 22 (1971), 337–48

Bunge, J. G., *Untersuchungen zum zweiten Makkabäerbuch*, Bonn 1971

Meinhold, A., 'Die Geschichte des Sinuhe und die Alttestamentliche Diasporanovelle', *Wiss. Zeitschrift Univ. Greifswald* 20 (1971), 277–81

Giovannini, A.–Müller, H., 'Die Beziehungen zwischen Rom und den Juden im 2. Jh. v. Chr.', *Museum Helveticum* 28 (1971), 156–71

Moraldi, L., *I Manoscritti di Qumran*, Torino 1971

Flusser, D., 'The Four Empires in the Fourth Sibyl and in the Book of Daniel', *Israel Oriental Studies* 2 (1972), 148–75

Places, E. des, 'Le Dieu Incertain des Juifs', *Journ. Savants* (1973), 289–94

Middendorp, T., *Die Stellung Jesu Ben Siras zwischen Judentum und Hellenismus*, Leiden 1973

Collins, John J., 'The Provenance of the Third Sibylline Oracle', *Bull. Institute Jewish Studies* 2 (1974), 1–18

Timpe, D., 'Der römische Vertrag mit den Juden von 161 v. Chr.', *Chiron* 4 (1974), 133–52

West, S., 'Joseph and Asenath', *Class. Quart.* N.S. 24 (1974), 70–81

Stern, M., *Greek and Latin Authors on Jews and Judaism* 1, Jerusalem 1974

Momigliano, A., 'The Second Book of Maccabees', *Classical Philology* 70 (1975), 81–91

6 伊朗人和希腊人

Clemen, C., *Fontes historiae religionis Persicae*, Bonn 1920

Clemen, C., *Die griechischen und lateinischen Nachrichten über die persische Religion*, Giessen 1920

Rostovtzeff, M., *Iranians and Greeks in South Russia*, Oxford 1922

Götze, A., 'Persische Weisheit in griechischem Gewande', *Zeitschrift für Indologie und Iranistik* 2 (1923), 60–98; 167–77

Reitzenstein, R.–Schaeder, H. H., *Studien zum antiken Synkretismus*, Leipzig 1926

Reitzenstein, R., *Die hellenistischen Mysterienreligionen*, 3rd ed., Leipzig 1927

Reitzenstein, R., 'Plato und Zarathustra', *Vorträge der Bibliothek Warburg*, 1924–5 (Leipzig 1927), 20–37 (now in *Antike und Christentum* (Darmstadt 1963), 20–37)

Windisch, H., 'Die Orakel des Hystaspes', *Verhand. Akad. Wetensch.* 28, 3 (1929)

Christensen, A., *Die Iranier*, in *Kulturgeschichte des Alten Orients* (Handbuch der Altertumswissenschaft III, 1.3) (München 1933), 203–310

Christensen, A., *L'Iran sous les Sassanides*, 2nd ed., Copenhagen 1936

Bidez, J.–Cumont, F., *Les Mages Hellénisés* I–II, Paris 1938

Benveniste, E., *Les Mages dans l'ancien Iran*, Paris 1938

Herzfeld, E., *Iran in the Ancient East*, London and New York 1941

Kerschensteiner, J., *Platon und der Orient*, Stuttgart 1945

Bidez, J., *Eos, ou Platon et l'Orient*, Bruxelles 1945

Richter, G., 'Greeks in Persia', *Am. Journ. Arch.* 50 (1946), 15–30

Festugière, A. J., 'Platon et l'Orient', *Rev. Philologie* 21 (1947), 5–45

Mazzarino, S., *Tra Oriente e Occidente*, Firenze 1947

Cameron, G. G., *Persepolis Treasury Tablets*, Chicago 1948 (*cf. Journ. Near Eastern Studies* 17 (1958), 161–76; *ib.* 24 (1965), 167–92)

Duchesne-Guillemin, J., *Zoroastre*, Paris 1948

Bloch, J., *Les inscriptions d'Asoka, traduites et commentées*, Paris 1950

Goossens, G., 'Artistes et artisans étrangers en Perse sous les Achéménides', *La Nouvelle Clio* 1–2 (1949–50), 32–44

Koster, W. J. W., *Le mythe de Platon, de Zarathustra et des Chaldéens*, Leiden 1951

Tarn, W. W., *The Greeks in Bactria and India*, 2nd ed., Cambridge 1951

Schlumberger, D., 'L'argent grec dans l'empire achéménide', in *Mémoires de la Délégation Archéologique Française en Afghanistan* 14 (1953), 3–64

Festugière, A. J., *La Révélation d'Hermès Trismégiste* I–IV, Paris 1944–54

Ghirshman, R., *Iran from the Earliest Times to the Islamic Conquest*, Harmondsworth 1954

Zaehner, R. C., *The Teachings of the Magi*, London 1956

Osten, H. H. von der, *Die Welt der Perser* ('Grosse Kulturen der Frühzeit'), Stuttgart 1956

Duchesne-Guillemin, J., *The Western Response to Zoroaster*, Oxford 1958

Nenci, G., *Introduzione alle guerre persiane*, Pisa 1958

Harmatta, J., 'Irano-Aramaica. (Zur Geschichte des frühhellenistischen Judentums in Ägypten)', *Acta Antiqua* 7 (1959), 337–409

Bausani, A., *Persia Religiosa*, Milano 1959

Widengren, G., *Iranisch-Semitische Kulturbegegnung in Parthischer Zeit*, Köln 1960

Broadhead, H. D., *The Persae of Aeschylus*, Cambridge 1960

Zaehner, R. C., *The Dawn and Twilight of Zoroastrianism*, London 1961

Wardman, A. E., 'Herodotus on the Cause of the Greco-Persian Wars', *Amer. Journ. Phil.* 82 (1961), 133–50

Somigliana, Ada, *Monismo Indiano e Monismo Greco nei frammenti di Eraclito*, Padova 1961

Duchesne-Guillemin, J., *La religion de l'Iran ancien*, Paris 1962

Altheim, F.–Stiehl, R., *Die aramäische Sprache unter den Achaimeniden*, Frankfurt 1963

Dandamaev, M. A., *Iran pri pervych Achemenidach*, Moskva 1963

Smith, M., 'II Isaiah and the Persians', *Journ. Amer. Orient. Soc.* 83 (1963),

415-21

Frye, R. N., *The Heritage of Persia*, London 1963

Burkert, W., 'Iranisches bei Anaximandros', *Rh. Mus.* 106 (1963) 97-134

Lochner-Hüttenbach, F., 'Brief des Königs Darius an den Satrapen Gadatas', in W. Brandenstein-M. Mayrhofer, *Handbuch des Altpersischen* (Wiesbaden 1964), 91-8

Wilson, R. McL., *The Gnostic Problem*, 2nd ed., London 1964

Widengren, G., *Die Religionen Irans*, Stuttgart 1965

Le Rider, G., *Suse sous les Séleucides et les Parthes*, Paris 1965

Merkelbach, R., 'Die Kosmogonie der Mithrasmysterien', *Eranos-Jahrbuch* 34 (1965), 219-57

La Persia e il mondo Greco-Romano, Accademia dei Lincei, Roma 1966

Walser, G., *Die Völkerschaften auf den Reliefs von Persepolis*, Berlin 1966

Pugliese Carratelli, G., 'Greek Inscriptions of the Middle East', *East and West* 16 (1966), 31-6

Akurgal, E., *Orient und Okzident. Die Geburt der griechischen Kunst*, Baden-Baden 1966

Schwanbeck, E. A. (ed.), *Megasthenis Indica*, Amsterdam 1966

Woelk, D., *Agatharchides von Knidos über das Rote Meer*, Bamberg 1966

Lasserre, F., *Die Fragmente des Eudoxos von Knidos*, Berlin 1966

Colledge, M. A. R., *The Parthians*, London 1967

Nylander, C., '*Assyria grammata*. Remarks on the 21st "Letter of Themistokles"', *Opuscula Atheniensia* 8 (1968), 119-36

Hölscher, U., *Anfängliches Fragen. Studien zur frühen griechischen Philosophie*, Göttingen 1968

Stern, S. M., *Aristotle on the World State*, Oxford 1968

Altheim, F.-Rehork, J. (ed.), *Der Hellenismus in Mittelasien* (Wege der Forschung 91), Darmstadt 1969

Schmidt, E. F., *Persepolis* I-III, Chicago 1953-70

Fischer, Th., *Untersuchungen zum Partherkrieg Antiochos VII*, diss. München 1970

Altheim, F.-Stiehl, R., *Geschichte Mittelasiens im Altertum*, Berlin 1970

Bielawski, J.-Plezia, M., *Lettre d'Aristote à Alexandre*, Warszawa 1970

Gnoli, G., 'Manichaeismus und Persische Religion', *Antaios* 11 (1970), 274-92

Kahn, C. H., 'On Early Greek Astronomy', *Journ. Hellen. Stud.* 90 (1970), 99-116

Nylander, C., *Ionians in Pasargadae*, Uppsala 1971

Kienast, D., 'Philipp II. von Makedonien und das Reich der Achaimeniden', *Abhandl. der Marburger Gelehrten Gesellschaft*, 1971, 6 (1973)

West, M. L.. *Early Greek Philosophy and the Orient*, Oxford 1971

Walser, G. (ed.), *Beiträge zur Achämenidengeschichte* (Historia, Einzelschr. 18), Wiesbaden 1972

Burkert, W., *Lore and Science in Ancient Pythagoreanism*, Cambridge,

Mass. 1972

Wes, M. A., 'Quelques remarques à propos d'une lettre d'Aristote à Alexandre', *Mnemosyne* 4, 25 (1972), 261-95

Gordon, R. L., 'Mithraism and Roman Society', *Religion* 2 (1972), 92-121

Drews, R., *The Greek Accounts of Eastern History*, Cambridge, Mass. 1973

The Place of Astronomy in the Ancient World, British Academy, London 1974

Metzger, H. and others, 'La stèle trilingue récemment découverte au Létôon de Xanthos', *Comptes Rendus Acad. Inscript.* (1974), 82-93; 115-25; 132-49

增补书目 (1978)

CHAPTERS 1-2

Bickerman, E. J., 'Origines gentium', *Class. Philology* 47 (1952), 65-81

Flores, E., *Letteratura latina e ideologia del III-II sec. a.C.*, Napoli 1974

Sordi, M. (ed.), *Storiografia e propaganda*, Milano 1975

Gabba, E., 'Dionigi e la Storia di Roma arcaica', *Actes du IX* Congrès Association G. Budé, Paris 1975, 218-29

La filosofia greca e il diritto romano, Quaderno 221 Accademia Lincei, Roma 1976

Gozzoli, S., (Polibio e Dionigi d'Alicarnasso', *Studi Classici e Orientali*, 25 (1976), 149-76

Assimilation et résistance à la culture gréco-romaine, Travaux VI* Congrès Intern. Études Classiques, Paris 1976

Nicolet, C., *Le métier de citoyen dans la Rome républicaine*, Paris 1976

Wardman, A., *Rome's Debt to Greece*, London 1976

Hurst, A., 'Sur la date de Lycophron', *Mélanges P. Collart*, Lausanne 1976, 231-5

Gabba, E., 'Sulla valorizzazione politica della leggenda delle origini troiane di Roma fra III e II sec. a.C.', in Sordi, M. (ed.), *I Canali della propaganda nel mondo antico*, Milano 1976, 84-101

Walbank, F. W., 'Polybius' lost Ten Books', *Historiographia Antiqua*, Leuven 1977, 139-62

Petzold, K.-E., 'Kylos und Telos im Geschichtsdenken des Polybios', *Saeculum* 28 (1977), 253-90

Gabba, E., 'Aspetti culturali dell'Imperialismo Romano', *Athenaeum* 55 (1977), 49-74

von Fritz, K., 'Poseidonios als Historiker', *Historiographia Antique*, Leuven 1977, 163-93

Jocelyn, H. D., 'The ruling class of the Roman Republic and Greek philosophers', *Bull. John Rylands Univ. Library* 59 (1977), 323-66

Gozzoli, S., 'Etnografia e politica in Agatarchide', *Athenaeum* 56 (1978), 54-79

CHAPTER 3

Dirkzwager, A., *Strabo, Ueber Gallia Narbonensis*, Leiden 1975
Nash, Daphne, 'Reconstructing Poseidonios' Celtic ethnography: some considerations', *Britannia* 7 (1976), 110-26
Ebel, Ch., *Transalpine Gaul, the Emergence of a Roman Province*, Leiden 1976
Duval, P.-M., *Les Celtes*, Paris 1977

CHAPTERS 4-5

Maier, J. and Schreiner, J. (eds.), *Literatur und Religion des Frühjudentums*, Würzburg 1973
Wacholder, B. Z., *Eupolemus. A Study of Judaeo-Greek Literature*, Cincinnati 1974
Collins, J. J., *The Sibylline Oracles of Egyptian Judaism*, Missoula 1974
Christianity, Judaism and Other Greco-Roman Cults. Studies for Morton Smith, vol. III: *Judaism before 70*, Leiden 1975
Sevenster, I. N., *The Roots of Pagan Anti-Semitism in the Ancient World*, Leiden 1975
Hengel, M., *Juden, Griechen und Barbaren*, Stuttgart 1976
Smallwood, E. M., *The Jews under Roman Rule*, Leiden 1976
Habicht, Chr., *2. Makkabäerbuch*, Gütersloh 1976
Momigliano, A., 'The date of the First Book of Maccabees', *Mélanges J. Heurgon*, Paris 1976, 657-61
Bickerman, E., *Studies in Jewish and Christian History* I, Leiden 1976
Gauger, J.-D., *Beiträge zur jüdischen Apologetik*, Köln-Bonn 1977
Habicht, Chr., 'The Royal Letters on Maccabees, II', *Harv. Stud. Class. Philol.* 80 (1976), 1-18
Smith, M., 'Rome and the Maccabean conversions', *Donum Gentilicium... D. Daube*, Oxford 1978, 1-7
Millar, F., 'The background to the Maccabean revolution', *Journ. Jewish Stud.* 29 (1978), 1-21

CHAPTER 6

Starr, Ch. G., 'Greeks and Persians in the fourth century', *Iranica Antiqua* 11 (1975), 39-99
Mansfeld, J., *The Pseudo Hippocratic Tract περὶ ἑβδομάδων*, Assen 1971 (cf. H. Diller, *Anzeiger f. Altertumswiss.* 29 (1976), 187-92)
Bellen, H., 'Der Rachegedanke in der griechisch-persischen Auseinandersetzung', *Chiron* 4 (1974), 43-67
Turcan, R., *Mithras Platonicus: Recherches sur l'hellénisation philoso-*

phique de Mithras, Leiden 1975

Metzler, D., 'Beobachtungen zum Geschichtsbild der frühen Achämeniden', *Klio* 57 (1975), 443–59

Walser, G., 'Zum griechisch-persischen Verhältnis vor dem Hellenismus', *Hist. Zeitschr.* 220 (1975), 529–42

Lewis, D. M., *Sparta and Persia*, Leiden 1977

Brown, T. S., 'Suggestions for a Vita of Ctesias of Cnidus', *Historia* 27 (1978), 1–19

On the Alexander legend (p. 82) cf. the editor's remarks in F. Pfister, *Kleine Schriften zum Alexanderroman*, Meisenheim a. G. 1976, 80.

人名索引

"古典与文明"丛书

第 三 辑